그림과 작동 원리로 쉽게 이해하는

웹의 기초

**웹의 전체 구조와 기술이
한눈에 들어오는 핵심 입문서**

그림과 작동 원리로 쉽게 이해하는

웹의 전체 구조와 기술이
한눈에 들어오는 핵심 입문서

지은이 코바야시 쿄헤이, 사카모토 아키라

옮긴이 김모세

펴낸이 박찬규 엮은이 최용 디자인 북누리 표지디자인 Arowa & Arowana

펴낸곳 위키북스 전화 031-955-3658, 3659 팩스 031-955-3660

주소 경기도 파주시 문발로 115 세종출판벤처타운 311호

가격 22,000 페이지 200 책규격 175 x 235mm

초판 발행 2023년 04월 25일

ISBN 979-11-5839-425-7 (93000)

등록번호 제406-2006-000036호 등록일자 2006년 05월 19일

홈페이지 wikibook.co.kr 전자우편 wikibook@wikibook.co.kr

KONO ISSATSU DE ZENBU WAKARU Web GIJYUTSU NO KIHON

Copyright ⓒ 2017 Kyohei Kobayashi / Akira Sakamoto / Takuro Sasaki

All rights reserved.

Original Japanese edition published by SB Creative Corp.

Korean translation rights ⓒ 2023 by WIKIBOOKS

Korean translation rights arranged with SB Creative Corp., Tokyo

through Botong Agency, Seoul, Korea

그림과 작동 원리로 쉽게 이해하는

웹의 기초

웹의 전체 구조와 기술이 한눈에 들어오는 핵심 입문서

코바야시 쿄헤이, 사카모토 아키라 지음
김모세 옮김

위키북스

들어가며

이 책은 웹에 관해서 다룹니다. 한 단어로 웹이라 말하지만, 사실 그 의미는 다양합니다. 많은 사람들이 웹이라는 말을 듣는다면, 브라우저를 통해 사용하는 구글이나 네이버를 떠올릴지도 모릅니다. 분명히 HTML, CSS, 자바스크립트 같은 언어로 작성된 페이지들은 웹에서 제공되는 기본적인 서비스이기는 합니다. 한편, 스마트폰이나 사물 인터넷(IoT) 등 인터넷을 통해 접속하는 서비스가 늘어남에 따라 웹이 담당하는 역할 또한 계속해서 확대되고 있습니다. 여러분이 매일 사용하는 스마트폰 애플리케이션도 웹의 연장선에 있는 기술이며, '빅데이터'의 대부분이 웹을 통해 수집된 데이터입니다.

이렇게 '웹'이 다루는 범위가 확대됨에 따라 전체를 이해하기가 점점 어려워지고 있습니다. 더군다나, 이제부터 IT 업계에 입문하는 '신입 엔지니어'나 '비IT 엔지니어'에게는 무엇부터 학습하는 것이 좋을지 막막할 것입니다. 그래서 이 책은 그런 분들을 대상으로 '웹'에 관해 기본적인 개념을 설명합니다. 웹이란 무엇인가라는 역사에서 시작해, 웹과 밀접한 관계가 있는 인터넷/네트워크와의 관련성, HTTP 통신과 데이터 형식, 웹 애플리케이션/시스템의 기본적인 구성, 보안 고려 등 웹에 관한 다양한 요소를 체계적으로 다룹니다.

또한 이 책에서는 한 페이지에 하나의 주제를 다룹니다. 그 한 페이지의 주제를 문장과 그림으로 설명합니다. 개념적인 부분은 문장뿐만 아니라 그림을 함께 보면 쉽게 이미지를 그릴 수 있을 것입니다.

이 책에서 다루는 범위는 어디까지나 입문 수준의 내용으로 국한합니다. 그러나 체계적인 지식을 처음부터 학습해 두면 이후 다양한 업무를 익히는 데 큰 힘이 될 것입니다. 부디 이 책을 통해 넓고 큰 웹의 세계를 걸어가기 위한 나침반을 얻기 바랍니다.

3 HTTP에서의 전달 구조

4 웹의 다양한 데이터 형식

5 웹 애플리케이션 기본

6 웹 보안과 인증

1

웹 기술이란

이번 장에서는 일상의 다양한 곳에서 쓰이는 웹 기술이 무엇이고, 어떻게 쓰이고 있으며, 무엇을
할 수 있는지 등 웹 기술의 기본에 관해 이야기합니다.

웹이란

인터넷이 보급된 지금은 최신 뉴스나 직접 조사하고 싶은 것 등의 문서를 간단하게 찾아볼 수 있습니다. 그리고 SNS(social networking service, 사회 관계망 서비스)를 통해 자신의 문서나 이미지, 동영상을 전 세계의 사람들에게 간단하게 공개할 수 있게 됐습니다.

이러한 문서의 공개/열람을 위한 시스템을 웹^{Web}이라 부릅니다.

● 월드 와이드 웹

웹의 정식 명칭은 월드 와이드 웹^{World Wide Web}(전 세계에 퍼져 있는 거미줄)입니다. 각 단어의 머리 글자를 따서 WWW라고도 부릅니다. 이에 관해서 들어본 분들도 있을 것입니다.

웹의 문서(웹페이지)는 하이퍼텍스트^{HyperText}라 불리는 언어로 구성되어 있습니다. 하이퍼텍스트는 하나의 웹페이지 안에 다른 웹페이지에 대한 참조(하이퍼링크^{HyperLink})를 포함할 수 있으며, 하나의 웹페이지를 여러 웹페이지와 관련지어 그 전체로 큰 정보의 집합체를 만들 수 있습니다.

우리가 웹에 접속할 때는 일반적으로 웹브라우저를 사용합니다. 웹브라우저에 표시된 웹페이지 안의 링크를 클릭함으로써 다른 웹페이지들로 차례차례 이동할 수 있습니다.

● 전 세계의 정보를 거미줄 형태로 연결한다

웹의 큰 특징은 웹페이지끼리 연결되어 다른 웹페이지와 연결된다는 점입니다. 어떤 한 웹페이지에 삽입된 링크는 다른 웹페이지로 차례로 연결되고, 결과적으로 전 세계의 다양한 웹페이지와 연결됩니다.

그리고 웹페이지를 방문함으로써 우리는 세계의 다양한 정보를 얻을 수 있게 됐습니다.

매일 새로운 웹페이지들이 만들어지면서 이 거미줄 형태의 네트워크는 계속해서 커지고 있습니다.

● 하이퍼텍스트는 하이퍼링크로 연결되어 있다

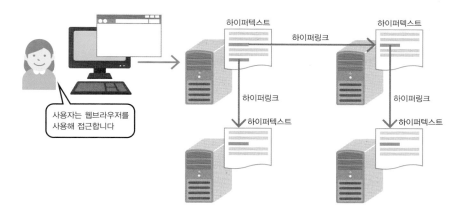

● 하이퍼링크가 연결되면서 거미줄처럼 퍼져 나간다

이 시스템은 '전 세계로 퍼져 나가는 거미줄'이라는 의미에서 월드 와이드 웹[World Wide Web(WWW)]이라 이름 붙여졌습니다. 줄여서 '웹'이라 부릅니다.

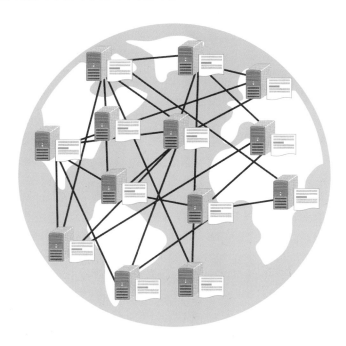

1_웹 기술이란

관련 용어 HTML _ p.18 / HTTP _ P.50

02 / 인터넷과 웹

인터넷이라고 하면 많은 사람들이 웹페이지를 떠올리는 것처럼, 지금은 뗄 수 없는 관계인 인터넷과 웹이지만 애초에 각기 다른 목적으로 개발됐습니다.

● CERN에서 개발

웹은 CERN(유럽 입자 물리학 연구소)의 팀 버너스-리$^{Tim Berners-Lee}$가 개발했습니다.

원래는 각국의 실험자가 즉시 정보에 접근할 수 있도록 하기 위해 웹의 원형인 ENQUIRE라는 시스템이 개발됐고, 그것을 개선해서 탄생한 것이 월드 와이드 웹입니다.

팀 버너스-리는 그 후, 직접 웹브라우저와 웹서버를 개발해 인터넷에 공개하기 시작했습니다.

● 인터넷의 보급에 기여

한편 인터넷은 ARPA(미국 국방성의 고등 연구 계획국)에서 개발한 컴퓨터 네트워크인 알파넷(ARPANET)이 그 원형입니다. 알파넷은 점점 확대되고 통신 방식(프로토콜)을 수정해 세계로 퍼져, 인터넷이라 불리게 됐습니다.

하지만 당초에는 접속 회선의 가격이 높아, 인터넷은 기업이나 연구 기관에서만 사용됐습니다.

기술 발전과 함께 접속 회선의 비용이 점차 낮아지고, 인터넷이 일반 사용자에게로 퍼져 나가기 시작할 즈음, 인터넷에서 사용되는 시스템으로서 웹이 발표됐습니다.

당초의 웹은 문자만 다룰 수 있었지만 이미지를 다룰 수 있게 개선되고, 웹브라우저가 보급되기 시작하면서 웹은 인터넷과 함께 순식간에 전 세계로 퍼져 나갔습니다.

인터넷과 웹은 함께 사용되면서 폭발적으로 퍼져 나갔습니다. 그렇게 때문에 인터넷과 웹을 혼동하는 경우도 많습니다.

● **인터넷과 웹은 각각 다른 목적으로 개발됐다**

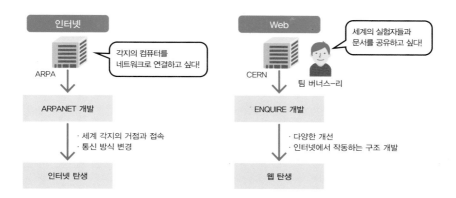

● **인터넷과 웹은 융합되어 세계로 퍼져 나갔다**

인터넷과 웹은 별도로 탄생했지만, 함께 보다 많은 사람들이 사용하기 쉽게 개선된 결과, 상승 효과로 인해 폭발적으로 보급됐습니다.

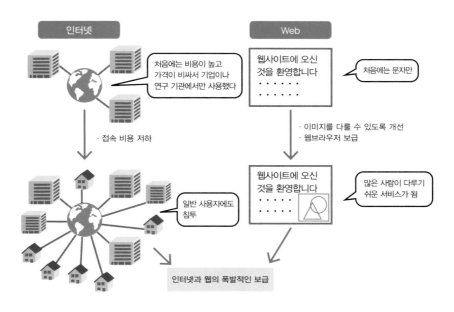

03 / 다양한 웹의 용도

웹이라고 하면 웹페이지를 가장 먼저 떠올리는 분들이 많을 것입니다. 웹 기술 발전에 따라 웹은 문서 표시 이외에도 사용자로부터 데이터를 받거나, 받은 데이터에 대해 무언가의 행동을 수행하는 등 다양한 기능이 추가되어 폭넓은 용도로 쓰이고 있습니다.

● 문서 열람

하나의 도메인에 있는 여러 웹페이지의 집합을 웹사이트라 부릅니다.

웹페이지들은 하이퍼링크로 상호 연결되고, 사용자는 웹브라우저에서 그 페이지들에 접근함으로써 웹페이지에 걸쳐 있는 문서를 읽을 수 있습니다.

● 사용자 인터페이스

컴퓨터의 기능과 사용자 상호작용 사이를 잇는 기능을 사용자 인터페이스^{user interface}라 부릅니다.

예를 들어, 웹 메일은 하이퍼텍스트를 사용해 메일 목록 화면이나 편집 화면 등을 표시함으로써, 사용자가 메일 서버 안의 메일을 표시하거나 조작할 수 있게 해줍니다. 구체적으로는 하이퍼텍스트로 작성된 메일을 조작하는 화면에서 사용자가 수행한 조작을, 웹서버가 사용자 대신 메일 서버에 전달하고 실제 메일에 대한 조작을 수행합니다.

● 프로그램용 API

사용자 인터페이스와 달리, 소프트웨어 사이의 데이터 통신을 잇는 기능을 API^{Application Programming Interface}라 부릅니다.

스마트폰의 애플리케이션 데이터 송수신 처리에 많이 사용되며, 예를 들어, 일기 예보 애플리케이션에서는 애플리케이션이 송신한 지역 정보를 프로그램용 API의 역할을 가진 웹서버가 받고, 웹서버는 받은 지역 정보에 대응하는 일기 예보 데이터를 애플리케이션에 반환하는 등으로 사용됩니다.

웹은 원래 문서 공개를 위한 기술이었지만, 새로운 사용 방법들이 제창되는 것에 맞추어 지금도 새로운 기능이 속속 추가되고 있습니다.

플러스 1

● 웹의 유연성과 표현력이 다양한 용도를 만들어내고 있다

● 웹 애플리케이션 사용자 인터페이스 제공

하이퍼텍스트의 표현력을 이용해 애플리케이션의 화면을 만들 수도 있습니다. 메일이나 동영상 채팅 등 웹 이외의 서비스에서도 사용자 인터페이스 부분에 웹을 사용하는 것들이 등장하고 있습니다.

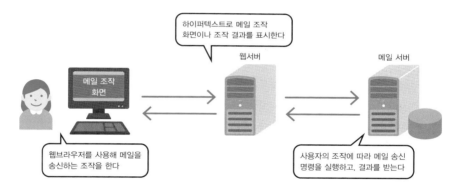

● 프로그램용 API 제공

웹 데이터 통신 구조를 사용해 스마트폰 등의 애플리케이션용 데이터를 송신하는 프로그램용 API가 제공되고 있습니다.

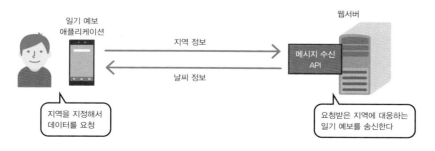

관련 용어   API _ p.126 / HTML _ p.18 / HTTP _ p.50 / 웹 클라이언트 _ p.114

04 HTML과 웹브라우저

● 기술 언어 HTML

하이퍼텍스트를 기술하는 언어가 HTML^{HyperText Markup Language}입니다.

HTML에서는 문장 표시 방법이나 하이퍼링크를 태그^{tag}로 표현합니다. 이런 언어를 일반적으로 마크업 언어라고 부릅니다.

HTML에서는 '〈태그의 종류〉태그의 의미를 적용할 대상이 되는 문장〈/태그의 종류〉'라는 형태로 기술함으로써 문장에 의미를 줄 수 있습니다. 구체적으로는 해당 문장이 제목임을 나타내거나, 하이퍼링크임을 나타내거나, 테이블임 등을 나타냅니다. 예를 들어 '〈title〉웹 기술의 모든 것〈/title〉'은 해당 문자의 제목이 '웹 기술의 모든 것'이라는 의미입니다.

HTML로 기술된 문서를 콘텐츠^{content}라 부릅니다.

● 표시 프로그램 웹브라우저

하이퍼텍스트는 문장에 태그로 의미를 붙인 것이며, 사람이 그 상태로 읽기에는 적절하지 않습니다. 그래서 하이퍼텍스트를 해석해서 사람이 읽기 쉽도록 바꿔주는 것이 웹브라우저라 불리는 프로그램입니다.

널리 쓰이는 웹브라우저로는 에지^{Edge}, 파이어폭스^{Firefox}, 크롬^{Chrome} 등이 있습니다.

웹브라우저의 종류에 따라 표시 방법이 다소 다르기는 하지만 HTML 규칙은 세계 공통이므로, 기본적으로는 어떤 웹브라우저에서도 동일하게 콘텐츠를 볼 수 있습니다.

에지는 마이크로소프트^{Microsoft}에서, 파이어폭스는 비영리단체인 모질라 재단^{Mozilla Foundation}에서, 크롬은 구글에서 각각 개발/공개하고 있습니다.

플러스
1

● 하이퍼텍스트는 HTML로 기술한다

HTML 파일은 텍스트 안에 HTML 태그를 삽입한 구조로 되어 있습니다.

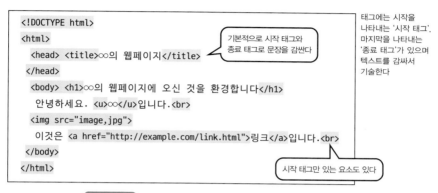

```
<!DOCTYPE html>
<html>
  <head> <title>∞의 웹페이지</title>
  </head>
  <body> <h1>∞의 웹페이지에 오신 것을 환경합니다</h1>
    안녕하세요. <u>∞</u>입니다.<br>
  <img src="image,jpg">
    이것은 <a href="http://example.com/link.html">링크</a>입니다.<br>
  </body>
</html>
```

> 기본적으로 시작 태그와 종료 태그로 문장을 감싼다

> 태그에는 시작을 나타내는 '시작 태그', 마지막을 나타내는 '종료 태그'가 있으며 텍스트를 감싸서 기술한다

> 시작 태그만 있는 요소도 있다

주요 태그

요소명	의미
html	HTML 문서임을 나타낸다
title	제목임을 나타낸다
h1	제목 1임을 나타낸다
br	줄바꿈임을 나타낸다
a	하이퍼링크임을 나타낸다
img	이미지 파일임을 나타낸다

● 웹브라우저는 HTML을 웹페이지로 표시한다

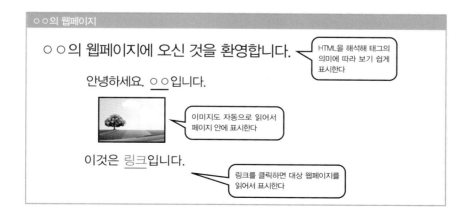

○○의 웹페이지

○○의 웹페이지에 오신 것을 환영합니다.

안녕하세요. ○○입니다.

이것은 링크입니다.

> HTML을 해석해 태그의 의미에 따라 보기 쉽게 표시한다

> 이미지도 자동으로 읽어서 페이지 안에 표시한다

> 링크를 클릭하면 대상 웹페이지를 읽어서 표시한다

웹서버와 HTTP

● 송신 프로그램 웹서버

웹서버는 웹브라우저에서 콘텐츠 요청이 있을 때, 필요한 콘텐츠를 네트워크를 통해 웹브라우저로 송신합니다. 콘텐츠는 웹서버를 통해 송신되므로 '웹페이지'라고 불립니다.

그리고 자신이 요청된 콘텐츠를 가지고 있지 않을 때는 '가지고 있지 않다'는 메시지를 반환하거나, 다른 웹서버에 요청하도록 안내하는 역할도 합니다.

일반적으로 아파치^{Apache}나 IIS$^{Internet Information Service}$라는 프로그램을 많이 사용합니다.[1]

● 통신 프로토콜 HTTP

웹페이지가 표시될 때는 웹브라우저에서 웹서버에 콘텐츠를 요청하고, 웹서버가 요청된 콘텐츠를 웹브라우저에 송신하는 통신을 수행합니다.

콘텐츠(하이퍼텍스트)를 송신하기 위한 통신 프로토콜과 통신하는 메시지 형식은 세계 공통 사양으로 결정되어 있습니다.

이 같은 세계 공통 하이퍼텍스트 통신 프로토콜을 HTTP$^{HyperText Transfer Protocol}$라 부르며 하이퍼텍스트 요청 순서, 하이퍼텍스트 송신 순서 이외에도 요청된 콘텐츠를 갖고 있지 않을 때의 대응 방법이나 웹사이트가 이전된 것을 웹브라우저에 전달하는 방법 등 하이퍼텍스트 통신을 위해 필요한 다양한 순서가 정의되어 있습니다.

통신 프로토콜이 세계 표준으로 결정되어 있으므로 어떤 종류의 웹브라우저라 하더라도, 다양한 종류의 웹서버와의 사이에서 같은 순서로 하이퍼텍스트 통신을 할 수 있습니다.

그림과 작동 원리로 쉽게 이해하는 웹의 기초

---

1 (엮은이) 2022년 11월 현재 엔진엑스(nginx)의 점유율이 약 27%로 가장 높은 것으로 조사됐습니다.
https://news.netcraft.com/archives/2022/11/10/november-2022-web-server-survey.html

---

아파치의 정식 명칭은 Apache HTTP Server로, 비영리 단체인 아파치 소프트웨어 재단$^{Apache Software Foundation}$에서 개발/공개합니다. IIS는 마이크로소프트가 개발/공개하는 제품입니다.　플러스 1

● **콘텐츠는 웹서버에서 송신된다**

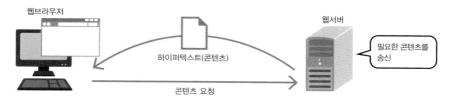

● **웹브라우저와 웹서버의 통신은 HTTP에 의해 수행된다**

요청을 보내고 콘텐츠를 받을 때까지 일련의 통신은 'HTTP'라는 프로토콜을 통해 메시지 송신
방식이나 형식까지 세세하게 결정되어 있습니다.

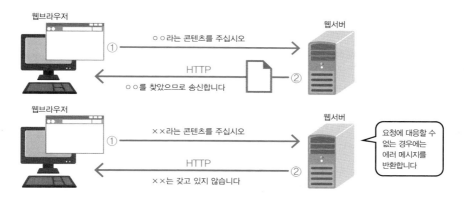

● **다른 환경에서도 프로토콜은 세계 공통**

웹브라우저나 웹서버에는 다양한 종류가 있으며, 어떤 것을 사용하더라도 HTTP라는 공통 규칙
으로 통신할 수 있습니다.

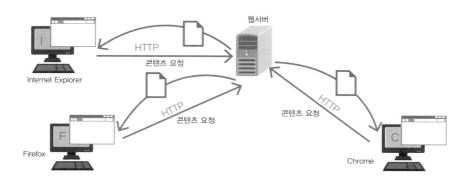

1 _ 웹 기술이란

06

URL에 맞춰 HTML이 전송된다

웹페이지가 표시되는 흐름

● URL을 사용해 웹서버에 접근

웹페이지를 얻을 때, 가장 먼저 'http://wikibook.co.kr/index.html' 같은 URL^{Uniform} ^{Resource Locator}을 사용해 얻고자 하는 웹페이지를 웹브라우저에서 지정합니다.

이 URL에는 '어떤 통신 프로토콜로', '어떤 웹서버에', '어떤 콘텐츠를' 얻을 것인지에 관한 정보가 포함되어 있으며 웹브라우저는 이 정보를 기반으로 요청을 보냅니다.

웹브라우저는 지정된 URL을 기반으로, 지정된 통신 프로토콜에 따라 웹서버에서 콘텐츠(HTML 파일)를 전송받습니다. 웹에서 사용되는 통신 프로토콜에는 HTTP와 HTTPS(HTTP의 보안성을 높인 프로토콜)가 있습니다.

● 웹브라우저에서의 해석

전송된 콘텐츠는 웹브라우저가 HTML의 내용을 해석하고, 태그를 통해 부여된 의미를 참고로 사람이 보기 쉬운 형태로 정리해서 표시합니다.

예를 들어, 페이지 제목 문장은 화면의 제목 표시 부분에, 제목 문장은 다른 문장보다 크기를 크게 해서 표시합니다.

● 또한 다른 이미지 등을 전송

콘텐츠 전송을 위해 한 번에 하나의 파일을 보냅니다. HTML 해석 결과, 이미지 등 다른 파일이 필요한 경우에는 다시 웹서버에 해당 파일의 전송을 요청하고, 전송받은 파일을 HTML 표시 화면에 삽입합니다.

이미지 파일을 전송할 때도 HTTP나 HTTPS를 사용합니다.

이 과정을 반복해 필요한 모든 파일이 준비되면 웹페이지 표시를 완료합니다.

그림과 자동 원리로 쉽게 이해하는 웹의 기초

● **웹서버에 요청할 콘텐츠를 URL로 지정한다**

http://wikibook.co.kr/index.html

HTTP를 사용해 접근한다

'wikibook.co.kr'이라는 이름의 웹서버에 접근한다

'index.html'이라는 이름의 콘텐츠를 요청한다

● **전송된 HTML을 해석해서 웹페이지를 표시한다**

원칙적으로 한 번 전송할 때 하나의 파일만 보냅니다. HTML에 이미지 등 다른 파일의 지정이 포함된 경우에는 다시 웹서버에 해당 파일에 요청을 보내 이미지 데이터를 얻습니다.

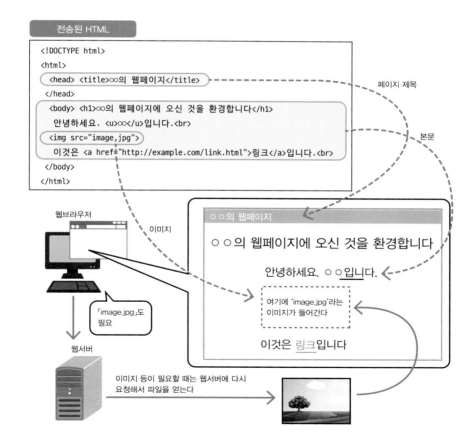

전송된 HTML

```
<!DOCTYPE html>
<html>
  <head> <title>∞의 웹페이지</title>
  </head>
  <body> <h1>∞의 웹페이지에 오신 것을 환경합니다</h1>
    안녕하세요. <u>∞</u>입니다.<br>
  <img src="image.jpg">
    이것은 <a href="http://example.com/link.html">링크</a>입니다.<br>
  </body>
</html>
```

페이지 제목

본문

웹브라우저

이미지

○○의 웹페이지

○ ○의 웹페이지에 오신 것을 환경합니다

안녕하세요. ○○입니다.

여기에 'image.jpg'라는 이미지가 들어간다

이것은 링크입니다

「image.jpg」도 필요

웹서버

이미지 등이 필요할 때는 웹서버에 다시 요청해서 파일을 얻는다

1_웹 기술이란

정적 페이지와 동적 페이지

● 정적 페이지

몇 번을 접근해도 항상 같은 것이 표시되는 웹페이지를 정적 페이지^{Static Page}라 부릅니다.

예를 들어, 기업이나 단체의 소개 사이트 등, 정보를 제공하는 사이트는 항상 같은 정보(미리 준비된 콘텐츠)를 표시해야 하기 때문에 일반적으로 정적 페이지로 구성됩니다. HTML만으로 기술된 웹페이지는 정적 페이지입니다.

애초에 웹은 연구 자료를 열람할 목적으로 개발된 것이므로, 정적 페이지를 표시하는 기능만으로 충분했습니다.

하지만 웹이 보급되면서 사용 범위는 연구 자료의 열람을 크게 벗어나 확대되어 보다 풍부한 표현이 요구되면서, 열람하는 사용자의 상태나 요청에 맞게 표시할 내용을 변화시키는 동적 페이지 기술이 탄생했습니다.

● 동적 페이지

정적 페이지와 비교해 접근할 때의 상황에 맞춰 표시되는 내용이 다른 페이지를 동적 페이지^{Dynamic Page}라 부릅니다.

예를 들어, 구글이나 네이버와 같은 검색 사이트의 결과 표시가 동적 페이지에 해당합니다. 검색 사이트에서는 사용자로부터 웹브라우저를 통해 보내진 데이터(검색 문자열)를 받아, 그에 기반해 웹서버가 검색 처리를 수행합니다. 그 뒤, 검색 결과를 표시하기 위한 HTML 파일을 웹서버가 만들어서 웹브라우저에 송신합니다. 이렇게 함으로써 사용자가 입력한 검색 문자열에 대해서 매번 최신 검색 결과 정보를 반환할 수 있습니다.

동적 페이지에는 이외에도 방문한 사용자가 글을 입력할 때마다 내용이 늘어나는 게시판 사이트나 로그인한 사용자에 따라 다른 정보를 표시하는 회원 사이트 등이 있으며, 현재는 기본적인 형태가 됐습니다.

● '정적 페이지'에서는 같은 콘텐츠가 전송된다

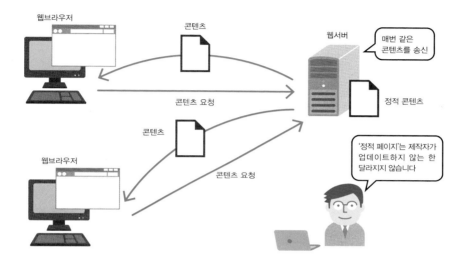

● '동적 페이지'에서는 요청에 따라 콘텐츠가 바뀐다

상황에 따라 콘텐츠가 변화하는 페이자를 '동적 페이지'라 부릅니다. 구글 같은 검색 사이트나 트위터^{Twitter}/페이스북^{Facebook} 같은 SNS, 블로그, 게시판 등이 동적 페이지입니다.

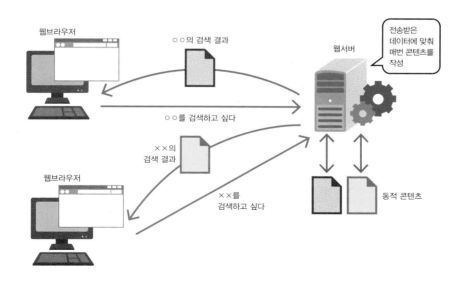

1_ 웹 기술이란

08 동적 페이지의 구조

● CGI(Common Gateway Interface)

웹서버가 웹브라우저의 요청에 대해 프로그램을 기동하기 위한 구조를 CGI$^{\text{Common Gateway Interface}}$라 부릅니다.

동적 페이지를 사용할 때, 웹브라우저는 CGI가 제공되는 위치를 나타내는 URL에 접속합니다.

요청을 수신한 웹서버에서는 CGI를 통해 프로그램을 기동합니다. 프로그램은 웹브라우저로부터 송신된 데이터나 웹서버 자체에 있는 데이터로 HTML 파일을 만든 뒤, 웹서버를 통해 웹브라우저에 송신합니다.

이렇게 함으로써 웹브라우저로부터 같은 요청이 전송된다 하더라도, 웹서버에서는 매번 다른 콘텐츠를 송신할 수 있습니다.

● 서버 사이드 스크립트

CGI가 호출하는 프로그램은 서버 사이드 스크립트$^{\text{server-side script}}$라 부릅니다. 기본적으로 어떤 프로그래밍 언어를 사용해도 괜찮지만, 일반적으로는 문자열 다루기에 특화된 스크립트 언어라 불리는 언어로 기술합니다. 구체적으로는 펄, 루비, 파이썬, PHP, 자바스크립트 등을 꼽을 수 있습니다.

● 클라이언트 사이드 스크립트

서버 사이드 스크립트에 비해 HTML에 삽입되어, 웹브라우저가 로드할 때 실행되는 스크립트를 클라이언트 사이드 스크립트$^{\text{client-side script}}$라 부릅니다. 웹브라우저 설정에 따라서 삽입된 프로그램이 작동하지 않는 경우도 있으므로, 주의해서 사용해야 합니다.

클라이언트 사이드 스크립트에는 주로 자바스크립트가 사용됩니다.

웹에서 사용되는 스크립트는 크게 두 종류로 나뉜다

서버 사이드에서 스크립트(프로그램)를 실행하는 타입, 웹브라우저 측에서 스크립트를 실행하는 타입의 두 종류가 있습니다.

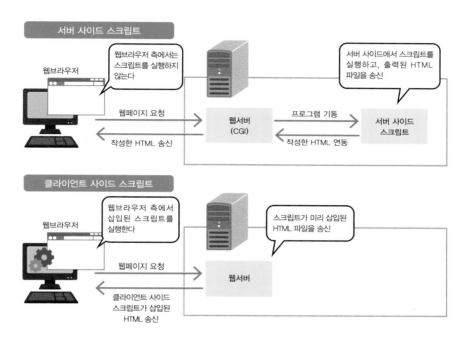

CGI가 서버 사이드 스크립트를 실행하는 흐름

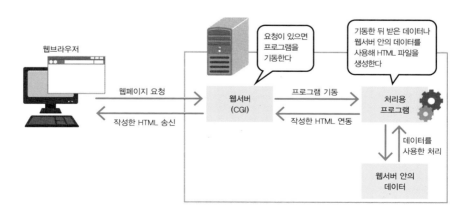

1_웹 기술이란

관련
용어   CGI _ p.130   /   애플리케이션 설계 _ p.180   /   스크립트 언어 _ p.90

09 웹 표준화

● 표준화란

HTML과 같은 웹에서 사용되는 기술은 웹 발전과 함께 기능 확장이나 신기술 개발이 수행되어 왔습니다. 예를 들어, HTML은 원래 문서를 표시하기 위한 기능뿐이었지만 현재는 표시하는 색상을 변경하거나, 테이블을 만들거나, 음악이나 영상을 다루는 등의 기능이 추가됐습니다. 그 외에도 HTML 표시 스타일을 지정하는 언어인 CSS^{Cascading Style Sheets}, HTML의 친척에 해당하는 마크업 언어 XML^{Extensible Markup Language}이나 XHTML^{Extensible HyperText Markup Language}처럼 웹에서 사용되는 새로운 언어도 개발됐습니다.

만약 이런 기능 확장을 개발자들이 독자적으로 수행하면, 확실한 규격이 결정되지 않습니다. 그 결과 웹브라우저 개발자는 어떤 기능까지 처리하도록 하는 것이 올바른지, 또는 웹페이지 제작사는 어떻게 기술하면 올바른지 알 수 없고 '어떤 웹브라우저에서도 동일하게 웹페이지가 표시되는' 상태를 구현할 수 없게 됩니다.

이 때문에 확실한 규격을 결정해야 합니다. 이 규격을 결정하는 작업을 표준화^{standardization}라 부릅니다.

● 표준화 추진 단체

웹 표준화 추진 단체는 웹을 만든 팀 버너스-리가 창설한 W3C^{World Wide Web Consortium}입니다.

W3C는 HTML 외에 위에서 설명한 CSS, XML, XHTML 등의 표준화를 수행합니다.

W3C가 표준화한 것은 '권고'의 형태로 발표되며, 이를 따라야 할 의무는 없습니다. 하지만 '어떤 웹브라우저에서도 동일하게 웹페이지가 표시되는' 상태를 구현하기 위해, 현재 대부분의 웹사이트가 W3C 표준을 따르고 있습니다.

그림과 작동 원리로 쉽게 이해하는 웹의 기초

W3C는 비영리 단체이며 W3C에 가입하는 조직의 회비나 연구 조성 기금, 기여금 등을 자금으로 해서 활동합니다. 플러스 1

● 표준화되어 있지 않으면 여러 HTML의 규격이 생겨난다

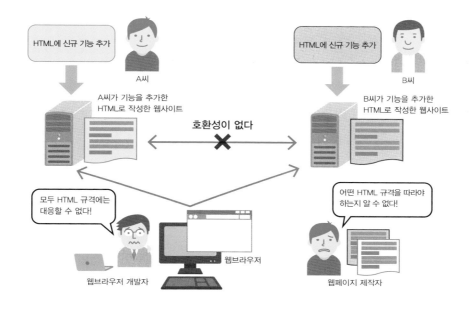

● 표준화하면 부담이 줄어든다

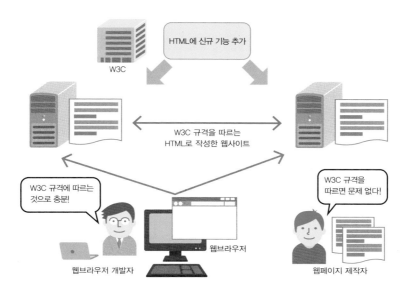

1 _ 웹 기술이란

관련
용어 CSS _ p.88 / HTML _ p.82 / XHTML _ p.86 / XML _ p.86

10 웹의 설계 사상

웹 기술에서 권장되는 두 가지 사상

표준화된 것 이외에도 웹 기술 세계에서는 설계와 관련된 몇 가지 사상이 존재합니다.

● RESTful

REST[REpresentational State Transfer]란 4개의 원칙으로 구성된 단순한 설계를 나타냅니다. 이 REST 원칙에 따라 설계된 시스템을 RESTful 시스템이라 부릅니다. RESTful 시스템은 '이전 전달 결과' 같은 정보를 유지할 필요가 없기 때문에 간단한 구조를 만들기 쉽고, 전달 방법이나 정보의 표시 방법이 통일되어 있으며 하나의 정보에 다른 정보를 연결할 수 있어 RESTful 시스템끼리 정보를 원활하게 연동할 수 있습니다.

지금은 많은 웹 애플리케이션이 RESTful하게 설계되어 있습니다.

● 시맨틱 웹

팀 버너스-리가 제창한 구상으로, 웹페이지의 정보에 의미(시맨틱[semantic])를 추가한 것입니다. 이렇게 함으로써 컴퓨터가 자율적으로 정보의 의미를 이해하고, 처리할 수 있게 되는 것을 기대할 수 있습니다.

HTML에서는 의미를 부여할 수 없으므로, 시맨틱 웹 세계에서는 웹페이지를 XML이라는 언어를 활용해 구성합니다. XML 문서 안에 RDF라는 언어로 의미를 기술하고, 용어의 상호 관계 등은 OWL이라는 언어로 기술합니다. 이처럼 정보에 관한 의미를 나타내는 정보를 메타데이터[meta data]라 부릅니다. 이 언어들에 관해서도 W3C에서 표준화를 진행하고 있습니다.

시맨틱 웹에서는 정보를 검색할 때의 정확도를 높일 수 있으며, 웹 안에서 특정한 종류의 정보를 수집해서 활용할 수 있게 됩니다.

단, 기존 웹페이지에 대한 메타데이터 부여 작업을 생각하면, 웹 전체로 보급되는 것은 아직 이르다고 할 수 있습니다.

● 웹 시스템은 RESTful한 것이 바람직하다

RESTful이란 'REST 원칙'을 지켜 설계된 웹 시스템을 말합니다. RESTful하게 함으로써 API의
상호 운영을 원만히 할 수 있습니다.

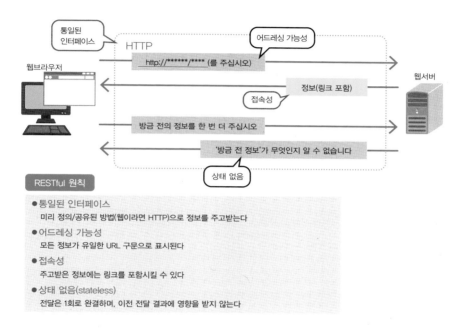

RESTful 원칙

- ●통일된 인터페이스
  미리 정의/공유된 방법(웹이라면 HTTP)으로 정보를 주고받는다
- ●어드레싱 가능성
  모든 정보가 유일한 URL 구문으로 표시된다
- ●접속성
  주고받은 정보에는 링크를 포함시킬 수 있다
- ●상태 없음(stateless)
  전달은 1회로 완결하며, 이전 전달 결과에 영향을 받지 않는다

● 시맨틱 웹은 텍스트에 '의미'를 포함시킨다

웹페이지 안의 텍스트가 나타내는 것이 '주소'인지 '사람의 이름'인지에 관한 정보를 갖도록 함으
로써 기계 검색 등의 정확도를 높입니다.

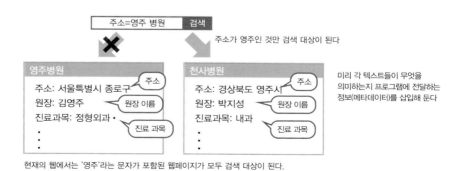

현재의 웹에서는 '영주'라는 문자가 포함된 웹페이지가 모두 검색 대상이 된다.

웹 애플리케이션? 웹 시스템?

웹 기술을 다루다 보면 '웹 애플리케이션'이나 '웹 시스템' 등 다양한 웹 ○○라는 용어를 듣게 됩니다. 비슷한 용어들이기에 혼동하기 십상이지만 이 차이를 알아 두는 것은 웹 기술을 이해하는 데 매우 중요하므로, 정리해서 기억해 둡니다.

'웹페이지'란 웹상에 있는 문서를 나타냅니다. 그리고 특정 도메인 아래 있는 웹페이지의 집합을 '웹사이트'라 부릅니다. 웹사이트의 표지에 해당하는 웹페이지는 '톱 페이지'라 부릅니다. '홈페이지'란 웹브라우저를 기동했을 때 가장 먼저 열리는 웹페이지를 원래 의미하지만, 현재는 웹사이트라는 의미로 쓰이는 때도 많습니다.

웹을 통해 사람이 사용하는 서비스를 제공하는 것이 '웹 애플리케이션', 프로그램이 이용하는 서비스를 제공하는 것은 '웹서비스'라 부릅니다. 그리고 웹사이트나 웹 애플리케이션, 웹서비스를 제공하기 위한 구조가 '웹 시스템'입니다.

그림으로 나타내면 다음과 같습니다.

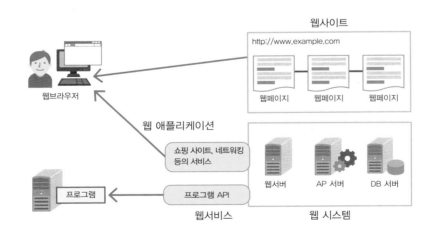

2

웹과 네트워크 기술

웹은 전 세계에 존재하는 컴퓨터들이 정보를 주고받음으로써 실현됩니다. 이 구조를 지탱하는 것이 바로 네트워크 기술입니다. 이번 장에서는 웹을 지탱하는 네트워크 기술에 관해 설명합니다.

01 웹을 실현하는 컴퓨터 네트워크

웹이 탄생함에 따라 우리는 전 세계에 퍼져 있는 정보를 간단하게 손에 넣을 수 있게 됐습니다. 이 웹을 지탱하는 것이 컴퓨터 네트워크, 즉 컴퓨터가 서로 연결되어 정보를 주고받는 구조입니다.

● 클라이언트와 서버

네트워크상에서 정보나 서비스를 제공하는 역할을 하는 컴퓨터를 서버^{server}라고 하고, 서버로부터 제공된 정보나 서비스를 이용하는 역할을 하는 컴퓨터를 클라이언트^{client}라 부릅니다. 보통 우리가 웹사이트를 열람할 때도 클라이언트와 서버가 정보를 주고받으며, 웹사이트를 제공하는 것이 서버, 웹사이트를 표시하는 스마트폰이나 PC에 탑재된 웹브라우저가 클라이언트에 해당합니다. 그리고 서버의 역할 중 웹사이트를 제공하는 서버를 웹서버라 부릅니다.

● 인터넷이란

스마트폰이나 PC를 사용해 웹사이트를 열람하는 경우 인터넷 서비스 제공자$^{Internet\ Service\ Provider}$가 제공하는 서비스를 이용해 인터넷에 접속해야 합니다. 인터넷이란 집이나 회사, 학교 등의 작은 범위의 네트워크들이 서로 연결되고, 전 세계의 네트워크와 완결되는 환경을 말합니다.

웹서버도 인터넷에 접속함으로써 웹사이트를 전 세계에 제공할 수 있습니다.

● 인터넷 서비스 제공자

인터넷 서비스 제공자는 간단히 '제공자' 또는 'ISP'라 줄여 부르는 경우가 많고, 각 나라에 여러 제공자가 존재합니다. 스마트폰이나 PC는 제공자와 연결하고, 제공자는 제공자끼리 연결되어 전 세계가 하나의 네트워크를 형성하고, 인터넷으로서 작동하게 됩니다.

● 네트워크에 연결된 컴퓨터의 역할 분담

네트워크에 연결된 컴퓨터에는 웹처럼 서비스를 제공하는 '서버', 서비스를 사용하는 '클라이언트'의 두 가지 역할이 있습니다. 이처럼 각 컴퓨터에 역할을 부여해 분산 처리를 목적으로 하는 구조를 '클라이언트/서버 시스템'이라 부릅니다.

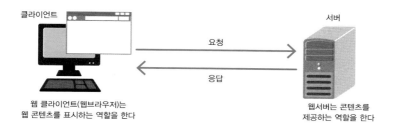

클라이언트   요청   서버

응답

웹 클라이언트(웹브라우저)는
웹 콘텐츠를 표시하는 역할을 한다

웹서버는 콘텐츠를
제공하는 역할을 한다

● 인터넷의 전체 이미지

인터넷 연결을 제공하는 제공자는 계층 구조로 연결되어 있습니다. 해외의 제공자와 직접 연결하거나, IX(Internet Exchange)를 사용해 제공자끼리 연결된 대규모의 제공자를 1차 제공자라 부릅니다. 중/소규모의 2차 제공자, 3차 제공자라 불리는 제공자는 상위 제공자를 경유함으로써 인터넷 서비스를 사용자에게 제공합니다.

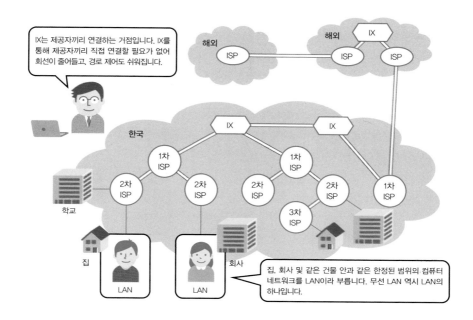

IX는 제공자끼리 연결하는 거점입니다. IX를
통해 제공자끼리 직접 연결할 필요가 없어
회선이 줄어들고, 경로 제어도 쉬워집니다.

집, 회사 및 같은 건물 안과 같은 한정된 범위의 컴퓨터
네트워크를 LAN이라 부릅니다. 무선 LAN 역시 LAN의
하나입니다.

2 _ 웹과 네트워크 기술

02 인터넷의 표준 프로토콜

프로토콜Protocol은 네트워크에 연결된 기기끼리 통신하는 경우에 필요한 미리 정해진 공통의 규칙이나 순서를 말합니다. 서로 같은 프로토콜을 이용함으로써 데이터 전달이 가능해집니다.

HTTP는 'HyperText Transfer Protocol'의 약어로 하이퍼텍스트, 즉 웹 콘텐츠를 송수신하기 위한 프로토콜을 나타냅니다.

● TCP/IP란

TCP/IP^{Transmission Control Protocol/Internet Protocol}는 인터넷에서 다양한 서비스를 실현하기 위한 프로토콜의 집합입니다.

인터넷에 접근할 수 있는 스마트폰이나 PC, 서버 같은 컴퓨터는 모두 TCP/IP에 대응합니다. 과거에는 컴퓨터에 탑재된 OS나 기종에 따라 독자적인 프로토콜을 사용했으므로 같은 기기 사이에서만 연결할 수 있었습니다. 인터넷 보급과 함께 상호 연결하기 위한 프로토콜로 TCP/IP가 인터넷에서의 표준으로 널리 쓰이게 됐습니다.

● HTTP도 TCP/IP의 일부

TCP/IP는 역할에 따라 계층화되어 있으며, HTTP도 TCP/IP의 애플리케이션 사이의 데이터 전달을 수행하는 계층의 프로토콜에 포함됩니다. HTTP에는 웹서버가 어디에 있는지, 그리고 웹 콘텐츠를 어떻게 전송하는지 등이 정해져 있지 않습니다. 인터넷에서 HTTP만으로는 부족한 부분을 TCP/IP의 다른 프로토콜이 보완함으로써 서로 연결할 수 있게 됩니다.

TCP/IP는 여러 프로토콜의 집합이지만, 인터넷에서 중심적인 역할을 담당하는 프로토콜이 TCP와 IP이기 때문에 TCP/IP라 불리게 됐습니다.

● 프로토콜을 봉화에 비유하면…

프로토콜은 '봉화'에 비유하는 경우가 많습니다. '적이 내습했을 때, 봉화를 사용해 신호를 보낸다'는 방법을 서로 인식하고 있으면, 정보를 전달할 수 있습니다.

컴퓨터 사이의 통신에서도, 서로 인식하는 프로토콜을 사용함으로써 데이터를 전달할 수 있습니다.

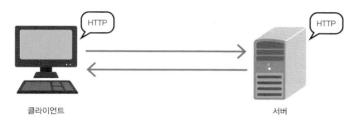

● 용도에 맞는 다양한 프로토콜이 제공된다

'HTTP'는 웹브라우저에서 웹사이트를 열람할 때 사용합니다. 그 외에도 용도에 따라 다양한 프로토콜이 존재합니다.

프로토콜명 (약칭)	프로토콜명 (전체)	용도
HTTP	HyperText Transfer Protocol	웹브라우저와 웹서버 사이에서 데이터를 전달할 때 사용하는, 데이터 송수신용 프로토콜
FTP	File Transfer Protocol	컴퓨터 사이에서 파일을 전달할 때 사용하는, 파일 송수신용 프로토콜
SMTP	Simple Mail Transfer Protocol	전자 메일을 송신할 때 사용하는, 메일 송신용 프로토콜
POP	Post Office Protocol	사용자가 메일 서버로부터 자신의 메일을 꺼낼 때 사용하는, 메일 수신용 프로토콜

관련
용어　HTTP _ p.46　/　IP 주소 _ p.40　/　TCP/IP _ p.38

03

데이터 전송을 담당하는 프로토콜

TCP/IP

TCP/IP는 역할에 따라 다음 4개의 계층(레이어)으로 구분됩니다.

- 애플리케이션 계층(레이어 4)

- 트랜스포트 계층(레이어 3)

- 인터넷 계층(레이어 2)

- 네트워크 인터페이스 계층(레이어 1)

레이어별 역할에 따라 프로토콜이 각 레이어에서 사용되며, 4개 계층의 프로토콜이 연동되어 인터넷으로의 통신이 가능해집니다.

● 애플리케이션 계층의 기능

애플리케이션 계층Application Layer에서는 웹브라우저나 메일 소프트웨어 같은 애플리케이션별 전달을 규정합니다. 이 애플리케이션들의 대부분은 클라이언트/서버 시스템으로 구성되어 있으며, 클라이언트와 서버 사이의 서비스 요청과 응답으로 이루어집니다. 그리고 애플리케이션 계층에서는 다루는 데이터를 네트워크로 전송할 때 적절한 데이터 형식으로 변환하고, 반대로 네트워크를 경유해서 받은 데이터를 자신이 이해할 수 있도록 변환하는 역할도 합니다.

데이터 전송 처리 등은 애플리케이션 계층보다 하위의 계층에서 담당합니다.

● TCP와 UDP

애플리케이션 계층의 전달에서 실제로 데이터의 전송 처리는 트랜스포트 계층Transport Layer에 위치한 TCPTransmission Control Protocol와 UDPUser Datagram Protocol에서 담당합니다. 데이터 전송은 나누어서 실행하며 TCP에서는 분할된 데이터의 순서나 누락을 체크하는 반면, UDP에서는 분할된 데이터의 순서나 누락을 보증하지 않습니다. TCP는 웹사이트나 메일 등 데이터 손실이 발생하면 곤란한 애플리케이션에서 사용하고, UDP는 그보다 신뢰성은 부족하나 통신 절차를 간략화할 수 있어 효율이 좋기 때문에 동영상 스트리밍 등에서 사용됩니다.

그림과 자동 원리로 쉽게 이해하는 웹의 기초

TCP/IP와 별도로 컴퓨터 네트워크에서 컴퓨터끼리 서로 통신을 할 때 필요한 기능을 7개의 계층으로 구조화한 OSI 참조 모델이라는 개념이 있습니다.

플러스 1

● TCP/IP의 계층 구조

TCP/IP는 4개 계층으로 구성됩니다. 각 계층에 역할이 나누어져 있으며, 역할에 맞춰 프로토콜이 사용됩니다.

레이어	역할과 용도	프로토콜 예
애플리케이션 계층(레이어 4)	애플리케이션별 전달을 규정	HTTP, SMTP, FTP 등
트랜스포트 계층(레이어 3)	데이터 분할과 품질 보증을 규정	TCP, UDP
인터넷 계층(레이어 2)	네트워크 사이의 통신을 규정	IP, ICMP 등
네트워크 인터페이스 계층 (레이어 1)	커넥터 형태나 주파수 등 하드웨어에 관한 규정	인터넷, Wi-Fi 등

● 애플리케이션 계층에서 본 데이터의 흐름

프로토콜을 계층화함으로써 각 계층에서 각 프로토콜에 따라 처리함에 따라, 다른 계층의 처리를 몰라도 일련의 처리(통신)를 수행할 수 있습니다. 애플리케이션 계층이라면 애플리케이션 계층끼리 처리를 수행합니다.

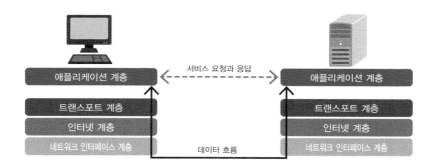

● TCP와 UDP의 차이

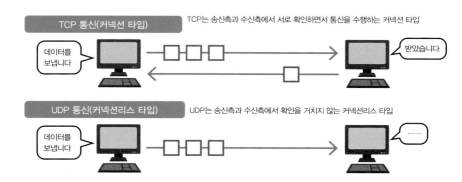

관련 용어 TCP _ p.60 / 프로토콜 _ p.36

04 / IP 주소와 포트 번호

● IP 주소

인터넷에 연결된 컴퓨터를 특정하고 데이터 도착지를 관리하기 위해 사용하는 것이 IP 주소 IP Address라 불리는 식별 번호입니다. 인터넷에서 고유한 IP 주소는 전 세계에 단 하나뿐이며, 소위 IP 주소는 전 세계에서 사용할 수 있는 '주소'와 같은 것입니다. 컴퓨터에 할당된 '주소'를 지정함으로써 인터넷상의 특정한 컴퓨터에 방문(연결)할 수 있습니다.

● 포트 번호

웹서비스나 메일 서비스와 같이 컴퓨터는 다양한 서비스를 제공합니다. IP 주소는 연결할 컴퓨터를 지정하지만 해당 컴퓨터가 제공하는 서비스까지 지정할 수 없습니다. 따라서 컴퓨터가 제공하는 서비스를 지정하기 위해 포트 번호 Port Number를 사용합니다. 포트 번호는 컴퓨터 내부의 각 서비스를 식별하기 위한 번호이며, 아파트의 호실 번호에 해당합니다. 예를 들어, 어떤 아파트에 사는 A씨에게 우편물을 전달하고 싶을 때 주소(IP 주소)만으로는 A씨에게 전달할 수 없는 것과 같이, 호실 번호(포트 번호)를 주소와 함께 기재해야 합니다. 이와 같이 IP 주소와 포트 번호를 지정함으로써 특정 컴퓨터의 특정 서비스를 받을 수 있게 됩니다.

● 웹서버는 80번

포트 번호는 0~65535의 숫자이며, 범위에 따라 용도가 결정되어 있습니다. 서비스(애플리케이션)에 따라 사용하는 포트 번호를 임의로 결정할 수도 있지만 일반적으로 웹서버(HTTP)라면 80번 포트와 같이 포트 번호가 정해져 있어, 포트 번호에 따라 서비스를 식별할 수 있습니다.

최근 IPv4 주소가 고갈되어 이를 대신해 IPv6가 널리 사용되기 시작했습니다. IPv6는 IP 주소를 약 2^{128} (약 340간, 340간은 340조의 1조배의 1조배)개까지 사용할 수 있습니다.

플러스
1

● IP 주소 표기

인터넷상의 컴퓨터를 식별하기 위한 번호인 IP 주소는 현재 32비트 숫자로 표현되는 IPv4를 주로 사용하고 있습니다. IPv4에서는 '점^{dot}'으로 8비트씩 4개로 구별해, 다음과 같이 10진수로 표기합니다.

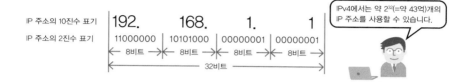

	192.	168.	1.	1
IP 주소의 10진수 표기				
IP 주소의 2진수 표기	11000000	10101000	00000001	00000001
	←8비트→	←8비트→	←8비트→	←8비트→
		←32비트→		

> IPv4에서는 약 2^{32}(=약 43억)개의 IP 주소를 사용할 수 있습니다.

● 공인 IP 주소와 사설 IP 주소

IP 주소는 용도나 장소에 따라 공인 IP 주소(글로벌 IP 주소)와 사설 IP 주소(프라이빗 IP 주소)의 2가지로 구분합니다.

IP 주소 분류	용도	관리	설명
공인 IP 주소	인터넷에서 통신	ICANN(Internet Corporation for Assigned Names and Numbers) 및 그 하부 조직	인터넷에서 고유해야 하므로 공인 IP 주소는 자유롭게 이용할 수 없다
사설 IP 주소	집이나 회사 내부와 같은 LAN 안에서 통신	개인 또는 회사 안에서 자유롭게 IP 주소를 사용할 수 있다	· 같은 LAN 안에서 같은 IP 주소를 사용할 수는 없으나, 다른 LAN에서는 같은 IP 주소를 사용할 수 있다. · 사설 IP 주소만으로는 인터넷에 연결할 수 없으므로 라우터 등의 기기에서 '사설 IP 주소' → '공인 IP 주소'를 변환해야 한다.

> 전화 번호에 비유하면 외선 번호(공인 IP 주소)와 내선 번호(사설 IP 주소)와 같습니다.

● IP 주소와 포트 번호

포트 번호는 컴퓨터 내부에서 작동하는 서비스를 나타냅니다. 집에 비유하면 IP 주소는 도로명, 포트 번호는 호수와 같은 것입니다.

> A씨의 집 25호
> 포트 번호 25번

> B씨의 집 80호
> 포트 번호 80번

주소: ××시 ××구 ××로 ××-××호
IP 주소: xxx.xxx.xxx.xxx

포트 번호 범위	포트 분류	설명
0~1023	기정 포트 (well-known port)	일반적인 서버 소프트웨어에서 사용
1024~49151	등록 포트 (registered port)	제조사의 독자적인 서버 소프트웨어에서 사용
49152~65535	동적 포트 (dynamic port)	클라이언트 사이드에서 무작위로 자유롭게 사용

포트 번호는 0~65536의 숫자 범위에서 용도가 결정되어 있다.

2_ 웹과 네트워크 기술

관련 용어 DNS _ p.44 / Web 서버 _ p.112 / 도메인 _ p.42

URL과 도메인

● URL

일반적으로 우리는 웹사이트를 열람할 때 http://example.com/test.html와 같은 문자열을 사용합니다. 이 문자열을 URL^Uniform Resource Locator이라 부릅니다.

URL은 웹사이트의 위치를 나타낼 때 사용되는 경우가 많아 '주소' 또는 '웹 주소'라 불리며 상당히 익숙할 것이라 생각합니다.

URL은 웹사이트뿐만 아니라 인터넷이나 LAN 등 네트워크상에 있는 데이터나 파일의 위치, 그 취득 방법을 지정하기 위해 사용됩니다. http://example.com/test.html을 예시로 URL에 기술된 내용을 보면 맨 앞의 'http'는 파일을 얻는 방법을 지정하고 있습니다. 그다음 'example.com'은 파일을 얻는 위치의 서버를 지정합니다. 마지막 'test.html'은 얻을 파일의 이름입니다. 즉 'HTTP' 프로토콜을 사용해 'example.com'이라는 서버에 있는 'test.html' 파일을 얻는다는 의미가 됩니다.

예를 든 URL에는 서비스를 특정하기 위한 포트 번호가 기재되어 있지 않습니다. 이것은 HTTP를 사용해 서버에 연결할 때는 포트 번호 80번을 사용한다고 결정되어 있어 생략할 수 있기 때문입니다. 생략하지 않고 직접 기재할 때는 http://example.com:80/test.html과 같이 기재합니다.

● 도메인

인터넷상에 존재하는 서버를 특정하고, 연결하기 위한 식별 번호로 IP 주소를 사용합니다. 그러나 위 예에서는 연결할 서버를 특정할 때 IP 주소가 아닌 'example.com'라는 문자열을 사용했습니다. 이런 문자열을 도메인^Domain이라 부릅니다.

숫자로 표기된 IP 주소는 사람이 기억하기 어려우므로 도메인을 IP 주소의 별명으로 사용합니다.

도메인은 공인 IP 주소와 마찬가지로 고유해야 하며, 전 세계에 같은 도메인은 하나만 존재합니다.

그림과 작동 원리로 쉽게 이해하는 웹의 기초

인터넷상에서 리소스를 식별하는 수단으로 URI가 있습니다. URI는 리소스의 위치를 나타내는 URL과 리소스 이름을 나타내는 URN으로 나눌 수 있습니다.　플러스 1

● URL 구문

URL은 스킴명, 호스트명(도메인명), 포트 번호, 경로명 등으로 구성됩니다.

http://example.com:80/test.html
①스킴명　　②호스트명(도메인명)　　③포트 번호　　④경로명

①스킴명
　프로토콜을 지정합니다. 대개 프로토콜명과 같은 이름을 사용합니다.

②호스트명(도메인명)
　연결 대상 서버를 지정합니다. IP 주소로 지정할 수도 있습니다.

③포트 번호
　연결 대상 서버의 포트 번호를 지정합니다. 생략할 수 있으며, 일반적으로 지정하지 않습니다.
　지정하지 않는 경우에는 아래 표의 포트 번호가 적용됩니다.

④경로명
　연결 대상 서버상의 디렉터리나 파일을 지정합니다.

주요 스킴명

스킴명	의미
http	웹사이트를 열람할 때 사용되는 프로토콜
https	http를 암호화(SSL)한 프로토콜
ftp	파일 전송 시 사용하는 프로토콜

생략 시 사용되는 포트 번호

프로토콜	포트 번호
http	80
https	443
ftp	20(데이터 전송용) 또는 21(제어용)

● 도메인명, 호스트명, FQDN

도메인명과 호스트명은 같은 의미로 사용되는 경우가 많지만 엄밀하게 구분하면 도메인명은 '네트워크를 특정하기 위한 문자열', 호스트명은 '네트워크상의 컴퓨터에 붙인 식별용 문자열'입니다.

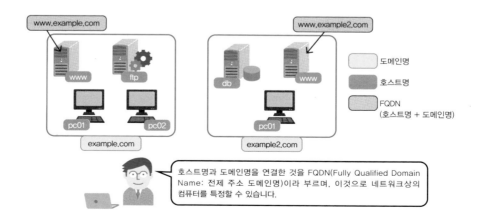

호스트명과 도메인명을 연결한 것을 FQDN(Fully Qualified Domain Name: 전제 주소 도메인명)이라 부르며, 이것으로 네트워크상의 컴퓨터를 특정할 수 있습니다.

관련 용어　DNS _ p.44 / IP 주소 _ p.40 / URI _ p.78 / 포트 번호 _ p.40

06 DNS

도메인은 문자열로 기술되므로 사람이 이해하기는 쉽지만, 인터넷상에서 컴퓨터 사이의 연결에는 어디까지나 IP 주소가 사용되므로 컴퓨터로 연결하려면 IP 주소가 필요합니다. 따라서 도메인을 사용해서 컴퓨터에 연결할 때는 도메인을 IP 주소로 변환해야 합니다.

● 도메인과 IP 주소의 변환

도메인을 IP 주소로 변환하는 구조를 DNS$^{Domain\ Name\ System}$라 부릅니다. 그리고 DNS 서비스를 제공하는 서버를 DNS 서버$^{DNS\ Server}$라 부릅니다.

DNS의 구조는 '전화번호부'와 비슷합니다. 전화를 걸 때는 전화번호가 필요합니다. 이때, 이름과 전화번호를 연결해서 관리하는 전화번호부가 있다면 상대의 이름만 알아도 전화번호부를 사용해 전화번호를 알 수 있습니다.

DNS에서는 도메인과 IP 주소를 연결해서 관리하므로, DNS를 사용하면 도메인에서 IP 주소를 확인할 수 있습니다.

도메인은 전 세계에 무수히 존재하며, 베리사인^{VerySign}사의 'THE DOMAIN NAME INDUSTRY BRIEF(2016년 7월판)'에 따르면 2016년 1/4분기 시점에서 도메인 등록 건수는 3억 2,000만 건을 넘었습니다. 이 막대한 수의 도메인을 1대의 DNS 서버에서 도메인과 IP 주소의 연결을 수행하는 것은 아닙니다. 여러 DNS 서버가 트리 형태의 계층 구조화되어 있고, 분산 처리를 함으로써 막대한 도메인을 효율적으로 처리합니다.

● IP 주소 문의

일반적으로 우리기 의식하지는 못하지만, URL에 도메인을 사용할 때는 반드시 DNS 서버에 IP 주소를 문의해야 합니다. 그리고 DNS 서버로부터 얻은 IP 주소를 기반으로 웹서버에 접속합니다.

DNS에서 도메인으로부터 IP 주소(IPv4)를 얻기 위한 정보를 A 레코드라 부릅니다. 반대로 IP 주소로부터 도메인을 얻기 위한 정보를 PTR 레코드라 부릅니다. 플러스 1

● DNS를 사용해 도메인명으로부터 IP 주소를 조사한다

이름으로부터 전화번호를 확인하기 위해 전화번호부를 사용하듯, 도메인으로부터 IP 주소를 확인하려면 DNS 서버를 사용합니다. 이 DNS 서버가 수행하는 '도메인과 IP 주소를 연결하는' 것을 이름 결정$^{Name\ Resolution}$이라 부릅니다. 이름 결정을 위한 시스템이 DNS입니다.

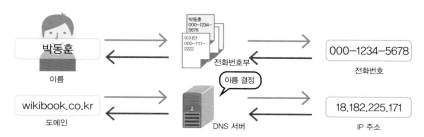

도메인에서 IP 주소를 얻는 것을 '순방향 조회(forward lookup)', IP 주소에서 도메인을 얻는 것을 '역방향 조회(reverse lookup)'라고 한다.

● DNS를 사용한 IP 주소 질의

도메인은 '.'(점)으로 구분된 계층 구조로 되어 있으며, 각 계층에 DNS 서버가 있습니다. 각 DNS 서버는 같은 계층의 도메인과 IP 주소를 연결하고, 아래 계층에 위치한 DNS 서버를 관리합니다.

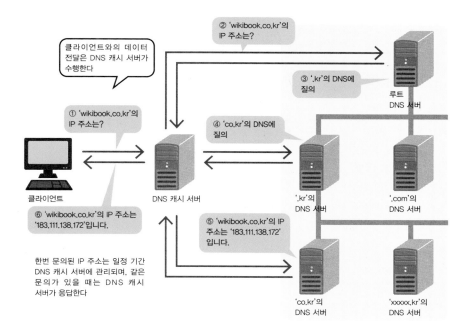

관련
용어 IP 주소 _ p.40 / 도메인 _ p.42

2 _ 웹과 네트워크 기술

HTTP

일반적으로 우리가 웹사이트를 열람할 때는 스마트폰이나 PC에 탑재된 웹브라우저를 실행하고, 웹브라우저의 주소 필드에 열람할 웹사이트의 URL을 직접 입력하거나, 이미 등록해둔 북마크나 웹사이트 링크를 클릭할 것입니다. 이 웹사이트들의 열람은 웹브라우저가 웹서버에 요청을 보내고, 웹서버는 그 요청에 대한 응답을 반환하는 단순한 전달을 통해 실현됩니다. 이 전달 순서의 내용을 결정한 것이 HTTP$^{\text{HyperText Transfer Protocol}}$입니다.

HTTP는 클라이언트(웹브라우저)와 서버(웹서버) 사이에서 웹 콘텐츠를 송수신하기 위한 프로토콜입니다. 실제로 웹사이트를 열람하는 일련의 작동을 바탕으로 HTTP를 통한 클라이언트와 서버 사이의 전달을 확인해 봅니다.

● 클라이언트와 서버 사이의 전달

웹사이트를 열람할 때는 크게 다음의 다섯 가지 단계가 수행됩니다.

① 웹브라우저의 주소란에 URL을 입력하거나 웹사이트 안의 링크를 클릭

② URL이나 링크 정보에 기반해 웹서버에 대한 데이터를 요청

③ 웹브라우저로부터 요청을 받은 웹서버는 요청 내용을 해석

④ 해석한 결과에 따라 요청된 데이터를 웹브라우저에 응답

⑤ 웹브라우저는 웹서버로부터 받은 데이터를 해석하고, 웹페이지로 표시

②와 ④ 단계가 웹 콘텐츠 송수신 부분이며, 이때 HTTP를 사용합니다. HTTP에 관해서는 3장에서 자세하게 설명합니다. HTTP는 어디까지나 데이터의 전달(요청과 응답)에 관한 부분만 결정되어 있으며 웹사이트를 열람할 때는 HTTP뿐만 아니라 IP, ICP 같은 다양한 프로토콜을 조합해 사용합니다.

● 웹사이트 열람은 5단계로 수행된다

웹브라우저와 웹서버 사이에서 데이터를 주고받을 때는 HTTP라는 프로토콜을 사용합니다.

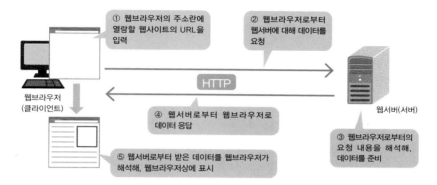

① 웹브라우저의 주소란에 열람할 웹사이트의 URL을 입력

② 웹브라우저로부터 웹서버에 대해 데이터를 요청

HTTP

④ 웹서버로부터 웹브라우저로 데이터 응답

③ 웹브라우저로부터의 요청 내용을 해석해, 데이터를 준비

⑤ 웹서버로부터 받은 데이터를 웹브라우저가 해석해, 웹브라우저상에 표시

웹브라우저 (클라이언트)

웹서버(서버)

● HTTP에서의 클라이언트와 서버 사이의 데이터 흐름

웹사이트 열람 시 웹브라우저로부터 웹서버에 대해 데이터를 요청할 때 애플리케이션 계층에서는 HTTP, 트랜스포트 계층에서는 TCP, 인터넷 계층에서는 IP, 네트워크 인터페이스 계층에서는 이더넷 프로토콜을 사용합니다.

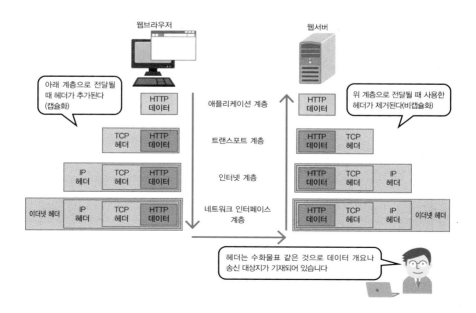

아래 계층으로 전달될 때 헤더가 추가된다 (캡슐화)

위 계층으로 전달될 때 사용한 헤더가 제거된다(비캡슐화)

애플리케이션 계층

트랜스포트 계층

인터넷 계층

네트워크 인터페이스 계층

헤더는 수화물표 같은 것으로 데이터 개요나 송신 대상지가 기재되어 있습니다

IPv4와 IPv6

IP에는 IPv4와 IPv6의 두 종류가 있습니다. IPv6는 IPv4의 후속으로 책정된 프로토콜입니다. IPv4에서 사용할 수 있는 주소가 향후 고갈될 경우를 예상해 준비됐습니다. IP로 사용하는 주소의 수는 주소의 비트 수로 결정됩니다. IPv4 주소가 32비트인 것에 비해, IPv6는 128비트입니다. 비트 수는 4배이지만, 주소로 사용할 수 있는 수는 급격한 차이가 있습니다. IPv4 주소는 약 43억 개이며, IPv5 주소는 약 340간(澗) 개입니다. 전 세계 인구를 70억으로 가정하면 IPv4에서는 모든 사람에게 IP 주소를 할당할 수 없습니다. 그러나 IPv6에서는 1인당 4.8양(穰) 개를 할당할 수 있습니다. 4.8양 개는 어느 정도의 수일까요. 사람의 세포 수는 약 60조 개로 알려져 있습니다. 4.8양 개는 사람의 세포 하나당 800조 개씩 할당할 수 있는 숫자입니다.

사실 IPv6는 1990년대 전반부터 프로토콜 책정 작업이 진행됐고, 1990년대 후반에는 거의 실용화 단계에 들어섰습니다. 하지만 그 후 20년 이상이 지났음에도 아직 IPv4에서 마이그레이션이 진행되지 않았습니다. 그 이유의 하나로 IP 주소를 절약하는 기술의 발전을 들 수 있습니다. 기업 등 조직 안에서는 프라이빗 네트워크가 구축되어, 사설 IP 주소를 사용할 수 있습니다. 그리고 외부 인터넷에 연결할 때 네트워크 주소 변환(NAT)을 통해 공인 IP로 변환됩니다. 이로 인해 하나의 IP 주소로 수백~수천의 사용자가 인터넷을 사용할 수 있습니다.

한편, 이런 절약 기술의 발전에도 불구하고 IPv4는 고갈되려고 하고 있습니다. 최근 스마트폰 등의 보급으로 인터넷에 연결하는 기기가 폭발적으로 증가한 것이 그 원인의 하나입니다. 또한 IoT라 불리는 사물 인터넷이 있습니다. 센서나 기기 등이 직접 인터넷에 연결되려면, 그 수는 500억 개 이상이라고도 알려져 있습니다. 현재와 같은 PC나 서버만 사용한다면 IPv4로도 감당할 수 있을지 모르지만, 사물 인터넷(IoT)의 등장으로 IPv4 주소 고갈을 더 이상 강 건너 불구경하듯 할 수 없는 상황입니다.

3

HTTP에서의
전달 구조

이번 장에서는 HTTP가 웹사이트의 열람을 어떻게 실현하는지에 관해 설명합니다. 또한 HTTP 만으로는 실현할 수 없는, 현재의 웹사이트 구조를 지탱하는 기술에 관해서도 살펴봅니다.

HTTP 메시지

HTTP^{HyperText Transfer Protocol}는 그 이름에서 나타내듯 'HyperText' 다시 말해 HTML 등의 텍스트 파일이나 이미지 등의 콘텐츠를 전달하기 위해 사용하는 프로토콜입니다. 인터넷이 보급되고 PC나 스마트폰을 들고 있는 것이 당연한 시대인 지금, 웹사이트 열람 등에서 사용되는 HTTP는 우리에게 가장 익숙한 프로토콜이라고 할 수 있습니다.

HTTP가 처음 등장하는 것은 1990년대로, 당초에는 HTML이라는 텍스트 정보만 송신하는 기능만 가진 매우 단순한 프로토콜이었습니다. 이후 웹의 진화에 맞춰 기능 추가와 개선을 거듭하면서 다양한 버전이 등장했습니다만, HTTP의 기본 작동은 변화가 없습니다.

● HTTP 메시지를 통한 '요청'과 '응답'

HTTP에서는 다른 클라이언트/서버 시스템과 마찬가지로 클라이언트인 웹브라우저가 요청을 보내고, 서버인 웹서버가 그 요청에 대한 응답을 반환하는 단순한 전달을 반복함으로써, 웹사이트의 열람을 가능하게 합니다. HTTP에서 웹브라우저와 웹서버에서 전달할 때 사용하는 것이 'HTTP 메시지'라 불리는 데이터 형식입니다. HTTP 메시지를 사용함으로써 웹브라우저가 어떤 데이터를 원하는가에 대한 요청을 웹서버에 전달할 수 있으며, 웹서버 역시 HTTP 메시지를 사용해 웹브라우저의 요청에 응답할 수 있습니다.

● 두 종류의 HTTP 메시지

HTTP 메시지는 웹브라우저로부터의 요청인 HTTP 요청^{HTTP Request}과 웹서버로부터의 응답인 HTTP 응답^{HTTP Response}의 2 종류가 있습니다. HTTP에서는 기본적으로 하나의 요청에 하나의 응답을 반환합니다.

HTTP의 역사

HTTP는 1991년에 등장한 이후, 기능 추가와 개선을 거듭하면서 버전이 업데이트됐습니다. 현재 웹사이트 열람에서는 1999년에 규정된 HTTP/1.1이 주류입니다.[1]

인터넷의 진화와 함께 데이터양이 점점 증가되고 있어, 데이터 전달 속도의 향상을 목적으로 하는 'HTTP/2'가 최근 탄생했습니다.[2]

HTTP의 기본 작동

HTTP에 다양한 버전이 존재하지만 '클라이언트로부터의 요청'과 '서버로부터의 응답'이라는 전달 흐름은 모든 버전에서 공통입니다.

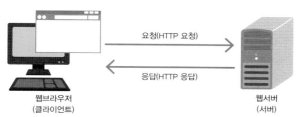

요청(HTTP 요청)

응답(HTTP 응답)

웹브라우저
(클라이언트)

웹서버
(서버)

HTTP 버전은 웹브라우저와 웹서버 양쪽 모두가 대응한 것을 사용한다. 웹서버가 HTTP/2에 대응하더라도 웹브라우저가 HTTP/1.1까지만 대응한다면 버전 1.1을 사용한다.

HTTP 메시지의 구성

HTTP 메시지는 여러 행의 데이터로 구성됩니다. 시작 행은 HTTP 요청과 HTTP 응답으로 구문이 다르며, 요청 시에는 '요청 행', 응답 시에는 '응답 행'이라고 불립니다.

(1행만)	시작 행(요청 행, 응답 행)
(여러 행 가능)	메시지 헤더
(1행만)	빈 행
(여러 행 가능)	메시지 바디

각 항목은 줄바꿈 문자(CR + LF)로 구분됩니다.

1 (엮은이) 2022년 11월 현재 전체 웹사이트의 41.4%에서 HTTP/2가 사용됩니다. https://w3techs.com/technologies/details/ce-http2

2 (엮은이) HTTP/3에 관한 소개를 부록에 실었습니다.

3 _ HTTP에서의 전달 구조

관련 용어   HTTP 메서드 _ p.54 / HTTP 요청 / HTTP 응답 _ p.52 / 상태 코드 _ p.56 / 메시지 헤더 _ p.58

02 HTTP 요청 / HTTP 응답

HTTP를 통한 전달에서 'HTTP 요청'과 'HTTP 응답'이라는 2 종류의 HTTP 메시지를 사용합니다. 각 메시지의 내용에 관해 살펴봅니다.

● HTTP 요청

HTTP 요청^{HTTP Request}는 '요청 행', '메시지 헤더', '메시지 바디'의 세 부분으로 나눌 수 있습니다.

요청 행에서는 웹서버에 대해 어떤 처리를 하기 원하는지에 대한 요청 내용을 기술합니다. 구체적으로는 '정보를 얻고 싶다' 또는 '정보를 송신하고 싶다'와 같은 정보를 웹서버에 전달합니다. 메시지 헤더에서는 웹브라우저의 종류나 버전, 대응하는 데이터 형식 등 부가적인 정보를 기술합니다. 메시지 바디는 웹페이지 안의 폼^{form} 등에 입력한 텍스트 데이터 등을 웹서버에 보내는 목적으로 사용합니다.

● HTTP 응답

웹브라우저로부터 HTTP 요청을 받은 웹서버는 요청을 처리하고, 그 결과를 HTTP 응답^{HTTP Response}으로 응답합니다.

HTTP 응답은 '상태 행', '메시지 헤더', '메시지 바디'의 세 부분으로 나눌 수 있습니다. 상태 행에서는 웹브라우저로부터 받은 HTTP 요청에 대해 웹서버 안에서의 처리 결과를 전달합니다. 메시지 헤더에서는 웹서버의 종류나 송신하는 데이터의 형식 등 부가적인 정보를 기술합니다. 메시지 바디에는 웹브라우저로부터 요청된 HTML 등의 데이터가 저장됩니다.

HTML 데이터를 받은 웹브라우저는 내용을 해석하고, 받은 HTML 안에 이미지 등의 링크가 존재할 때는 웹서버에 다시 HTTP 요청을 송신합니다. HTTP 요청과 HTTP 응답의 전달을 반복함으로써 웹사이트를 열람할 수 있습니다.

● 웹브라우저가 HTTP 요청을 보내 데이터를 요청한다

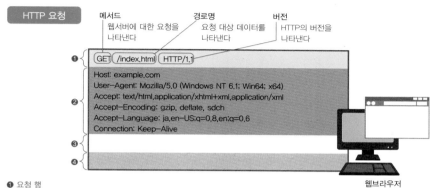

HTTP 요청	메서드	경로명	버전
	웹서버에 대한 요청을 나타낸다	요청 대상 데이터를 나타낸다	HTTP의 버전을 나타낸다

❶ GET /index.html HTTP/1.1

❷
Host: example.com
User-Agent: Mozilla/5.0 (Windows NT 6.1; Win64; x64)
Accept: text/html,application/xhtml+xml,application/xml
Accept-Encoding: gzip, deflate, sdch
Accept-Language: ja,en-US;q=0.8,en;q=0.6
Connection: Keep-Alive

❸

❹

웹브라우저

❶ 요청 행
　웹서버에 대해 어떤 처리를 의뢰하는지 전달하는 정보가 포함되어 있다.
❷ 메시지 헤더(HTTP 헤더)
　웹브라우저의 종류나 대응하는 데이터 타입, 데이터 압축 방법, 언어 등의 정보를 전달한다.
❸ 공백 행
　1행을 공백으로 함으로써 메시지 헤더의 끝임을 전달한다.
❹ 메시지 바디
　웹서버에 데이터를 보내기 위해 사용된다. 공백인 경우도 있다.

● 웹서버는 요청에 대해 HTTP 응답을 반환한다

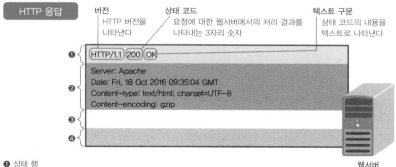

HTTP 응답	버전	상태 코드	텍스트 구문
	HTTP 버전을 나타낸다	요청에 대한 웹서버에서의 처리 결과를 나타내는 3자리 숫자	상태 코드의 내용을 텍스트로 나타낸다

❶ HTTP/1.1 200 OK

❷
Server: Apache
Date: Fri, 18 Oct 2016 09:35:04 GMT
Content-type: text/html; charset=UTF-8
Content-encoding: gzip

❸

❹

웹서버

❶ 상태 행
　웹브라우저에 웹서버 안에서의 처리 결과를 전달한다.
❷ 메시지 헤더(HTTP 헤더)
　웹서버의 소프트웨어 정보, 송신하는 데이터 타입, 데이터 압축 방법 등의 정보를 전달한다.
❸ 공백 행
　1행을 공백으로 함으로써 메시지 헤더의 끝임을 전달한다.
❹ 메시지 바디
　HTML이나 이미지 등의 데이터를 저장한 위치.

관련 용어　HTTP 메서드 _ p.54 / HTTP 메시지 _ p.50 / 웹서버 _ p.112 / 상태 코드 _ p.56 / 메시지 헤더 _ p.58

03 HTTP 메서드

HTTP 요청을 사용해 웹서버에 구체적인 요청 내용을 전달하는 것은, HTTP 요청 안에 포함된 'HTTP 메서드$^{HTTP\ Method}$'입니다. HTTP 메서드는 목적에 따라 여러 가지가 정의되어 있습니다. 예를 들어, HTML 파일 등 콘텐츠를 얻고 싶을 때는 'GET' 메서드, 데이터를 웹서버에 송신할 때는 'POST' 메서드를 사용합니다. 웹사이트를 열람할 때 주로 사용되는 HTTP 메서드는 이 'GET' 메서드와 'POST' 메서드입니다. 웹서버가 보관하고 있는 콘텐츠를 바꿔 쓰거나 삭제할 때 사용하는 'PUT' 메서드나 'DELETE' 메서드는 웹사이트 조작의 위험이 있어, 웹서버 측에서 대부분 사용할 수 없도록 설정합니다.

● 'GET'과 'POST'의 차이

콘텐츠를 얻을 때 사용하는 GET 메서드는 POST 메서드와 마찬가지로 데이터를 송신할 때도 사용할 수 있습니다. 하지만 GET 메서드와 POST 메서드가 데이터를 송신하는 방법은 다릅니다.

GET 메서드를 사용해 데이터를 송신할 때는 URL 뒤에 보낼 데이터를 붙여서 보냅니다. 한편 POST 메서드를 사용해 데이터를 송신할 때는 HTTP 요청 안의 메시지 바디 안에 데이터를 포함해서 보냅니다.

GET 메서드를 사용해 데이터를 송신할 때는 URL에 데이터가 삽입되므로, 보낸 데이터가 웹브라우저의 열람 이력에 남습니다. 한편 POST 메서드를 사용할 때는 메시지 바디 안에 데이터가 삽입되므로, 열람 이력에는 남지 않습니다. 그렇기 때문에 쇼핑 사이트나 회원제 웹사이트에서 로그인을 할 때 사용자 ID나 비밀번호 같은 데이터를 웹서버에 보낼 때는, 기밀성을 고려해 POST 메서드를 사용합니다. 그리고 PC에 표준 탑재된 에지^{Edge} 브라우저에서는 URL에 사용할 수 있는 최대 문자 수가 2,083자로 제한됩니다. 따라서 대량의 데이터를 송신할 때도 POST 메서드를 사용합니다.

HTTP가 등장했을 당시에는 GET 메서드뿐이었습니다. 플러스 1

● 다양한 HTTP 메서드

HTTP 메서드는 클라이언트가 웹서버에 요청하는 처리의 종류를 나타냅니다. 웹서버에 따라서는 제한된 메서드도 있습니다. 'HEAD', 'GET' 메서드는 필수입니다.

HTTP 메서드명	설명
HEAD	HTTP 헤더의 정보만 얻는 HTTP 메서드. 데이터 업데이트 일시나 데이터 크기만 얻고 싶을 때 사용한다.
GET	HTML 파일이나 이미지 같은 데이터를 얻을 때 사용한다. 웹사이트 열람 시 자주 사용한다.
POST	폼에 입력한 비밀번호 같은 데이터를 전송할 때 사용한다
PUT	데이터(파일)를 업로드할 때 사용한다. 웹서버상의 파일을 덮어쓸 수 있어 사용하지 못하도록 제한된 경우가 많다.
DELETE	지정한 데이터(파일)를 삭제할 때 사용한다. PUT 메서드와 마찬가지로 사용하지 못하도록 제한된 경우가 많다.
CONNECT	웹서버에 연결할 때까지 자른 서버를 중지할 때 사용한다. CONNECT 메서드를 악용한 공격이 있어, 사용하지 못하도록 제한한 경우가 많다.
OPTIONS	사용할 수 있는 HTTP 메서드에 관해 질의할 때 사용한다. PUT이나 DELETE 메서드와 같이 사용을 제한한 HTTP 메서드가 있으므로 미리 기능을 확인할 때 사용한다.
TRACE	웹브라우저와 웹서버의 경로를 확인할 때 사용한다. TRACE 메서드를 악용한 공격이 있어, 사용하지 못하도록 제한한 경우가 많다.

● 데이터 송신 시 'GET'과 'POST'의 차이

GET 메서드와 POST 메서드는 폼 등에 입력한 데이터를 웹서버로 보낼 수 있습니다. 단, 보내는 방식이 다릅니다.
한 회원 사이트에서 사용자명과 비밀번호를 지정해 로그인하는 경우,

GET 메서드

| 요청 행 | GET /login.html?name=test&pass=123 |

URL에 끝에 '?'를 붙이고, '파라미터명=값' 형식으로 송신한다

POST 메서드

| 요청 행 | POST /login.html HTTP/1.1 |
| 메시지 바디 | name=test&pass=123 |

정보를 메시지 바디에 기록해서 송신한다

GET 메서드의 경우 URL에 사용자명 (name), 비밀번호(pass) 등이 포함되므로 그 정보들이 웹브라우저 이력에 남아 있습니다.

※ 이 그림에서는 메시지 바디를 생략

비밀번호 정보뿐만 아니라 메일 주소나 주소 같은 개인 정보를 웹서버에 전송할 때는 POST 메서드를 사용합니다.

관련 용어   CGI _ p.130 / HTTP 응답 _ p.52 / URL _ p.42

04 상태 코드

웹브라우저로부터 요청된 HTML 파일이나 이미지 같은 데이터를 웹서버는 HTTP 응답으로서 응답합니다. HTTP 응답 안에는 HTTP 요청에 대한 웹서버 안에서의 처리 결과가 포함됩니다. 그것이 '상태 코드Status Code'입니다. 상태 코드는 3자리 숫자로, 처리 내용에 따라 100번대부터 500번대까지의 다섯 가지로 분류됩니다. 보통 우리가 웹사이트를 열람할 때 상태 코드를 보는 경우는 없지만, 웹브라우저상에 웹사이트가 정상적으로 표시되는 경우에는 '200'번의 상태 코드가 반환됩니다. 때때로 에러 화면으로 '페이지를 찾을 수 없습니다' 같은 화면에 표시되는 경우가 있는데, 이때는 '404'번 상태 코드가 반환됩니다.

● 상태 코드의 분류

상태 코드는 다음과 같이 5가지로 분류합니다.

- 100번대: HTTP 요청을 처리하고 있음을 알립니다. 웹서버가 데이터를 받을 수 있는지 확인하기 위한 일시적인 응답으로 사용합니다.

- 200번대: HTTP 요청을 정상적으로 처리하였음을 알립니다. 웹브라우저상에서 웹사이트가 정상적으로 표시된 경우는 대부분 이 상태 코드가 반환됩니다.

- 300번대: HTTP 요청에 대해 전송 처리 등의 웹브라우저 측에서 추가 처리가 필요함을 알립니다. 웹사이트의 URL이 변경된 경우 등에 사용합니다.

- 400번대: 클라이언트(웹브라우저)의 에러임을 알립니다. 요청된 HTML 파일 등이 웹서버에 존재하지 않는 경우 이 상태 코드를 반환합니다. '404 Not Found'는 일반적으로 가장 자주 볼 수 있는 상태 코드입니다.

- 500번대: 웹서버에서 에러가 발생했음을 알립니다. 웹서버가 무언가의 에러에 의해 요청에 응답할 수 없거나 높은 부하 상태로 인해 일시적으로 웹 콘텐츠를 전송할 수 없는 경우 등에 이 상태 코드를 반환합니다.

그림과 작동 원리로 쉽게 이해하는 웹의 기초

'찻주전자에 커피를 내리려다 거부되어 반환한다(418 I'm a teapot)'라는 장난스러운 상태 코드도 있습니다.

플러스
1

● 대표적인 상태 코드

HTTP 응답에 포함된 상태 코드는 응답의 종류를 나타냅니다.

1xx   Informational(정보)

100	continue	요청 유지 중임을 알린다.

2xx   Success(성공)

200	OK	요청이 정상적으로 접수됐음을 알린다.

3xx   Redirection(전송)

301	Moved Parmanently	요청된 콘텐츠가 이동됐음을 알린다.
302	Found	요청된 콘텐츠가 일시적으로 이동(다른 위치에서 발견)됐음을 알린다.
304	Not Modified	요청된 콘텐츠가 업데이트되지 않았음을 알린다. 웹브라우저에 일시 저장된 콘텐츠가 표시된다.

4xx   Client Error(클라이언트 에러)

400	Bad Request	요청이 부정함을 알린다.
404	Not Found	요청된 콘텐츠를 검출하지 못했음을 알린다.

5xx   Server Error(서버 에러)

500	Internal Server Error	요청 처리 중에 서버 내부에서 에러가 발생했음을 알린다.
503	Service Unavailable	접근 부하나 유지 보수 등의 이유로 인해 일시적으로 처리 불가능함을 알린다.

● 클라이언트(400번대)와 서버(500번대)의 에러

웹사이트에서 에러가 발생했을 때 무엇이 원인인지 즉시 알 수 있으므로, 400번대는 클라이언트(웹브라우저)의 에러, 500번대는 웹서버의 에러인 것을 알아 두면 좋습니다.

`404`

요청된 웹페이지가 존재하지 않을 때 반환되는 상태 코드.

`503`

웹서버의 부하로 인해 일시적으로 웹사이트를 표시할 수 없을 때 반환되는 상태 코드.

구글이나 트위터는 재미있는 이미지를 넣은 페이지를 제공합니다.

관련 용어   F5 공격 _ p.138   /   HTTP 응답 _ p.52   /   웹서버 _ p.112

메시지 헤더

HTTP 요청과 HTTP 응답은 모두 '메시지 헤더'를 사용해 HTTP 메시지에 관한 상세한 정보를 송신할 수 있습니다. 메시지 헤더는 여러 가지 '헤더 필드'라 불리는 행들로 구성되며, 각 헤더 필드들은 필드명 및 콜론(:)과 공백 1문자, 필드 값으로 구성됩니다.

헤더 필드는 각각 가지고 있는 정보의 종류에 따라 다음 네 가지로 나눌 수 있습니다.

- **일반 헤더 필드**

  HTTP 요청과 HTTP 응답 모두에 포함되는 헤더 필드. 대표적인 것으로 HTTP 메시지가 작성된 날짜를 나타내는 'Date'가 있습니다.

- **요청 헤더 필드**

  HTTP 요청에만 포함되는 헤더 필드. 대표적인 것으로 웹브라우저라는 클라이언트 고유 정보를 나타내는 'User-Agent'가 있습니다. 웹서버는 'User-Agent'를 참조해, 스마트폰으로부터의 연결이면 스마트폰용 웹사이트를 표시하는 등 클라이언트별로 다른 처리를 수행할 수 있습니다.

- **응답 헤더 필드**

  HTTP 응답에만 포함되는 헤더 필드. 대표적인 것으로 웹서버 기능을 제공하는 제품 정보를 나타내는 'Server'가 있습니다. 단, 상세한 제품 정보가 알려지면 공격 대상이 될 가능성이 있으므로 'Server'가 나타내는 정보를 제한할 수 있습니다.

- **엔티티 헤더 필드**

  HTTP 요청과 HTTP 응답 모두에 포함되는 헤더 필드. 일반적인 헤더가 HTTP 메시지 전체에 대한 부가 정보를 나타내는 것에 비해, 엔티티 헤더는 메시지 바디에 포함된 데이터의 부가 정보를 나타냅니다. 대표적인 것으로 데이터 종류를 나타내는 'Content-Type'이 있습니다.

요청 헤더 필드 중 'Referer'의 올바른 표기는 'Referrer'지만 HTTP 기술 사양 결정 과정에서 오타가 등록된 이후 그대로 쓰이고 있습니다. 플러스 1

● 헤더 필드 구성

헤더 필드는 HTTP 메시지 전달에 관한 상세한 정보를 나타내기 위해 사용됩니다.

Date: Sun, 01 Jan 2017 00:00:00 GMT
필드명　　　　　　　　　　　　　　　필드값

● 주요 헤더 필드

일반 헤더 필드

이름	내용
Connection	요청 후 TCP 커넥션 절단 등, 접속 상태에 관한 알림
Date	HTTP 메시지 작성된 날짜
Upgrade	HTTP 버전을 업데이트하도록 요청

요청 헤더 필드

이름	내용
Host	요청 대상지 서버명
Referer	직전에 링크했던(방문했던) 웹페이지의 URL
User-Agent	웹브라우저의 고유 정보(제품명, 버전 등)

응답 헤더 필드

이름	내용
Location	리다이렉트 대상지의 웹페이지 정보
Server	웹서버의 고유 정보(제품명, 버전 등)

엔티티 헤더 필드

이름	내용
Allow	사용 가능한 HTTP 메서드 목록
Content-Encoding	콘텐츠 인코드(데이터 변환) 방식
Content-Language	콘텐츠 사용 언어
Content-Length	콘텐츠 크기. 단위는 바이트(byte)
Content-Type	콘텐츠 종류(텍스트, 이미지 등)
Expires	콘텐츠 유효 기간
Last-Modified	콘텐츠 최신 업데이트 시각

위 내용은 HTTP에 정의된 헤더 필드의 일부입니다.
헤더 필드는 독자적으로 정의한 것도 사용할 수
있습니다.

3 _ HTTP에서의 전달 구조

06 / TCP를 통한 데이터 통신

웹브라우저로부터의 HTTP 요청과 그에 대한 웹서버로부터의 HTTP 응답을 반복 수행함으로써 웹사이트를 열람할 수 있지만, 이 HTTP 데이터들의 전달을 수행하는 것은 TCP^Transmission Control Protocol의 역할입니다. TCP는 웹사이트의 열람뿐만 아니라 메일 송수신이나 파일 전송 같은 다양한 데이터 전송 시 사용됩니다.

TCP에서는 먼저 클라이언트와 서버가 서로 통신할 수 있는 상황인지 확인하고, '커넥션'이라 불리는 통신 경로를 확립합니다. 그 뒤 데이터를 전달합니다. 이 커넥션 확립은 다음과 같이 3단계의 전달에 따라 수행됩니다.

- **클라이언트로부터의 연결 요청(SYN)**

  클라이언트로부터 서버로 연결을 요청하기 위해 SYN 패킷이라 불리는 데이터를 보냅니다. SYN 패킷을 받은 서버는 그에 대해 응답합니다.

- **클라이언트에게 확인 응답 및 서버로부터의 연결 요청(SYN + ACK)**

  TCP에서는 신뢰성이 있는 통신을 실현하기 위해 데이터를 송신한 뒤, 반드시 송신 상대로부터의 확인 응답을 받아야 데이터 송신을 완료한 것으로 판단합니다. 이 확인 응답이 ACK 패킷입니다. 클라이언트로부터의 연결 요청에 대해 서버가 ACK 패킷을 송신함으로써, 연결 가능함을 전달합니다. 그리고 서버는 ACK 패킷 송신과 동시에, 클라이언트에게 연결을 요청하기 위해 SYN 패킷을 송신합니다.

- **서버에 확인 응답(ACK)**

  서버로부터의 연결 요청에 대해 클라이언트는 ACK 패킷을 송신합니다. 이렇게 서로 SYN 패킷을 보내고 ACK 패킷으로 응답함으로써 양방향에서 통신이 가능한 것을 확인하고, 커넥션 확립을 완료합니다.

커넥션을 확립하고 클라이언트와 서버가 서로 통신 가능함을 확인한 뒤, 데이터 전달을 시작합니다.

● TCP에서의 데이터 전달

TCP는 클라이언트와 서버 사이에서 먼저 커넥션을 확립한 뒤, 데이터를 전달합니다. 커넥션 확립은 3번의 데이터를 전달하면서 수행하므로 '3웨이 핸드셰이크3-Way Handshake'라 부릅니다. 데이터 송수신을 완료하고 통신을 종료(커넥션 단절)할 때는 4번의 데이터를 전달해야 합니다.

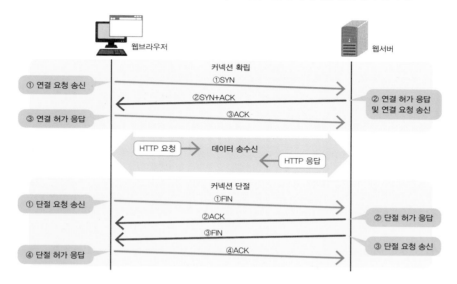

● 신뢰성이 높은 데이터 통신 구조

TCP에서는 높은 신뢰성의 데이터 통신을 구현하기 위해 커넥션을 확립할 뿐만 아니라, 데이터를 전송할 때도 '재전송 제어' 및 '순차 제어'를 수행합니다. 그리고 효율이 좋은 데이터 전송을 수행하므로 데이터를 받을 때마다 ACK 패킷을 송신하지 않고, 여러 데이터를 받은 뒤 ACK 패킷을 송신합니다.

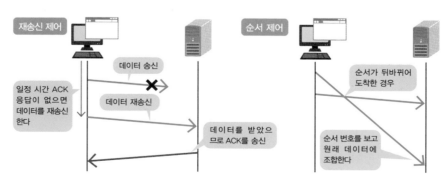

3 _ HTTP에서의 전달 구조

관련
용어   SYN Flood 공격 _ p.138 / TCP/IP _ p.38 / 프로토콜 _ p.36

07 / HTTP/1.1의 통신

HTTP는 HTTP/0.9, HTTP/1.0, HTTP/1.1, HTTP/2의 형태로 기능 추가와 개선이 거듭되어 왔습니다. 최초 등장한 HTTP에는 버전 번호가 없었지만, 이후 버전과의 구별을 위해 나중에 HTTP/0.9로 불리게 됐습니다.

● HTTP 킵 얼라이브

HTTP 요청이나 HTTP 응답이라는 데이터 전달은 TCP를 사용해 수행합니다. HTTP/1.0 이전에는 웹브라우저로부터 HTTP 요청을 송신할 때 TCP에 대해 커넥션을 확립하고 웹서버가 HTTP 응답으로서 데이터를 전달하는 단계에서 커넥션을 닫는 방식을 사용했습니다.

그렇기 때문에 웹페이지 안에 이미지가 삽입된 경우, 일단 커넥션을 확립하고 웹페이지를 받은 후에 커넥션을 끊고, 이미지를 얻기 위해 다시 커넥션을 확립해야 했습니다.

하나의 웹페이지 안에 여러 이미지를 삽입하는 방법이 보급되어 HTTP 요청을 할 때마다 커넥션을 확립하게 되면 효율이 낮고, 불필요한 통신이 발생합니다. 그래서 HTTP/1.1 이후에서는 커넥션을 유지한 채 사용하는 방식이 됐습니다. 이 기능을 HTTP 킵 얼라이브^{HTTP Keep-Alive}라 부릅니다. HTTP/1.1 이후에서는 특별하게 지정하지 않은 이 기능을 사용합니다.

● HTTP 파이프라인

HTTP에서 데이터 전달을 효율화하기 위해 HTTP/1.1에서는 HTTP 파이프라인^{HTTP Pipeline}이라 불리는 기능을 지원합니다. HTTP에서는 일반적으로 하나의 HTTP 요청을 송신하고, 그에 대해 HTTP 응답을 받을 때까지 다음 HTTP 요청을 송신할 수 없지만, HTTP 파이프라인을 사용하면 HTTP 응답을 기다리지 않고 여러 HTTP 요청을 송신할 수 있습니다.

● 커넥션을 계속 사용할 수 있는 HTTP 킵 얼라이브

HTTP 요청별로 커넥션을 확립할 필요가 없으므로 불필요한 시간을 줄일 수 있고, 효율적으로
데이터를 전송할 수 있습니다.

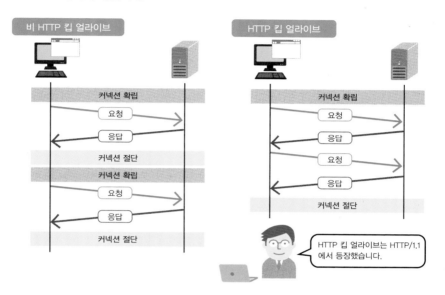

● 여러 HTTP 요청을 송신할 수 있는 HTTP 파이프라인

HTTP 요청에 대한 HTTP 응답을 기다리지 않고, 여러 HTTP 요청을 보내는 기능입니다. 데이터
전송에 시간이 걸리는 상황에서 시간을 줄일 수 있습니다.

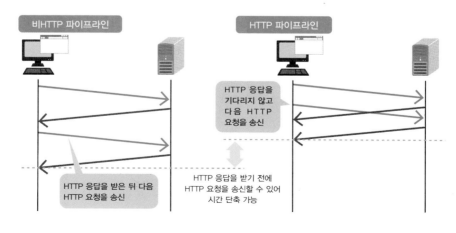

3 _ HTTP에서의 전달 구조

08 HTTP/2 통신

HTTP/1.1이 등장한 1999년 이후 웹사이트는 보다 복잡해졌고, 하나의 웹페이지에서 많은 이미지가 사용되는 등 웹브라우저와 웹서버 사이에서 전달되는 데이터양이 비약적으로 늘어났습니다. 앞 절에서 본 것처럼 HTTP/1.1에서도 많은 기능 개선이 됐지만, 웹사이트 열람을 좀 더 쾌적하게 하기 위해 데이터 전달을 고속화할 목적으로 HTTP/2가 등장했습니다.

HTTP/2는 구글이 제공한 SPDY라 불리는 통신 고속화를 목적으로 하는 프로토콜을 기반으로 하며, 2015년 5월에 정식으로 표준화됐습니다. HTTP/2에서의 통신 고속화를 담당하는 부분은 거의 SPDY의 기능을 상속하며, HTTP/1.1과 비교해 다양한 개선점이 있습니다.

● 스트림을 통한 다중화

기존 HTTP에서는 HTTP 요청과 응답을 동시에 하나씩만 송수신할 수 없는 제약이 있어, 그다지 효율적이지 않았습니다. HTTP/1.1에서는 이 문제를 개선하고자 HTTP 파이프라인 기능을 제공했지만, HTTP 파이프라인에는 'HTTP 요청 순서대로 HTTP 응답을 반환해야만 하는' 제약이 있습니다. 그렇기 때문에 웹브라우저로부터 여러 HTTP 요청이 송신됐다 하더라도, 어떤 하나의 HTTP 응답의 처리에 시간이 걸리게 됩니다. 그 이후의 HTTP 응답은 해당 처리가 완료될 때까지 대기하게 되므로, 웹페이지 표시 속도가 느려지는 문제점이 있었습니다.

이 문제를 해결하기 위해 HTTP/2에서는 하나의 TCP 커넥션상에 스트림Stream이라 불리는 가상적인 통신 경로를 여럿 생성하고, 각각의 스트림 안에서 HTTP 요청과 HTTP 응답의 전달이 가능해집니다. 각 스트림은 독립되어 있으며, 병행해서 HTTP 요청과 HTTP 응답을 전달할 수 있습니다. 그렇기 때문에 HTTP 파이프라인에서 문제가 됐던 HTTP 응답 대기 상태 대기 상태가 발생하는 것이 없어져, 보다 빠르게 효율적으로 데이터 전달이 가능해졌습니다.

● 가상적인 통신 경로 '스트림'

HTTP/2에서는 웹브라우저와 웹서버 사이에서 확립된 하나의 커넥션상에 가상적인 통신 경로인 '스트림'을 생성하고 스트림상에서 HTTP 요청과 HTTP 응답의 교환을 수행합니다.

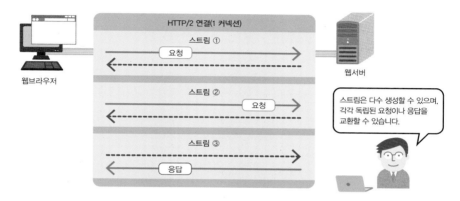

● 'HTTP 파이프라인'과 '스트림을 통한 다중화' 비교

두 가지 모두 여러 HTTP 요청을 송신할 수 있다는 점은 다르지 않지만, HTTP 파이프라인에서는 HTTP 요청의 순서대로 응답해야 하므로 처리에 시간이 걸리면 대기 시간이 발생할 수 있습니다.

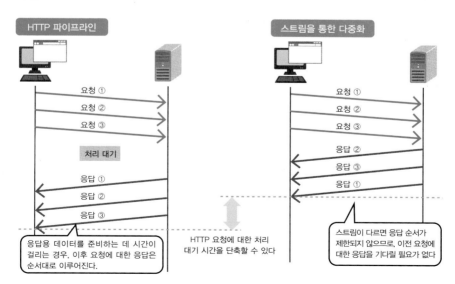

관련 용어 HTTP _ p.50 / HTTP/1.1 _ p.62 / HTTP 요청 / HTTP 응답 _ p.52

HTTP/2에서의 개선점

HTTP/2에서는 스트림 다중화 이외에 주로 다음과 같은 개선점이 있습니다.

● 바이너리 형식 사용

HTTP/1.1 이전에는 HTTP 요청이나 HTTP 응답의 전달을 텍스트 형식의 포맷으로 수행했습니다. HTTP/2에서는 보다 효율적으로 데이터를 전달하기 위해 바이너리 형식의 포맷을 사용합니다.

HTTP/1.1 이전에는 바이너리 형식 데이터를 전달하기 전에 먼저 텍스트 형식으로 변환해야 했지만, HTTP/2에서는 바이너리 형식의 데이터를 그대로 전달합니다. 그 결과, 변환 처리에 소요되는 시간과 웹브라우저, 웹서버에 대한 부담을 줄일 수 있습니다.

● 헤더 압축

HTTP/1.1 이전에도 HTML 파일 등의 텍스트 형식 파일의 데이터를 압축해서 전송할 수 있었지만, HTTP/2에서는 이에 더해 헤더 정보까지 압축할 수 있습니다. 헤더 정보에는 HTTP 요청에서 사용하는 웹브라우저 종류 등, HTTP 응답이라면 웹서버의 버전 정보 등이 포함되어 있으므로 HTTP 요청이나 HTTP 응답의 전달을 할 때 중복된 데이터를 전송하게 됩니다. 거기에서 HTTP/2에서는 헤더 정보 안에서 다른 부분만 전송하는 HPACK이라 불리는 압축 방식을 사용함으로써 데이터 전송량을 줄일 수 있습니다.

● 서버 푸시

HTTP/2에서는 웹브라우저부터의 HTTP 요청 내용을 기반으로 웹서버 측에서 필요한 파일을 판단하고, 사전에 웹브라우저에 송신할 수 있습니다. 예를 들어, 웹브라우저가 웹페이지의 HTML 파일을 요청했을 때, HTML 파일 안에 이미지가 삽입되어 있다면 웹서버는 웹브라우저로부터 해당 이미지 데이터에 대한 HTTP 요청을 받지 않더라도 미리 이미지 데이터를 전송합니다.

바이너리 형식은 컴퓨터가 다루기 위한 데이터 형식으로, 텍스트 형식은 바이너리 형식을 사람이 읽을 수 있는 형태로 변환한 것입니다.

플러스
1

● 바이너리 형식 사용

HTTP/1.1 이전(그림 왼쪽)에서는 HTTP 요청, HTTP 응답에 대해 모든 데이터가 한 번에 전송됐습니다. HTTP/2(그림 오른쪽)에서는 '프레임'이라 불리는 단위로 분할되어 바이너리 형식으로 전송됩니다.

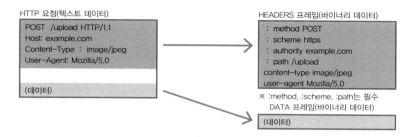

HTTP 요청(텍스트 데이터)

```
POST   /upload HTTP/1.1
Host: example.com
Content-Type : image/jpeg
User-Agent: Mozilla/5.0


(데이터)
```

HEADERS 프레임(바이너리 데이터)

```
: method POST
: scheme https
: authority example.com
: path /upload
content-type image/jpeg
user-agent Mozilla/5.0
```

※ :method, :scheme, :path는 필수
DATA 프레임(바이너리 데이터)

```
(데이터)
```

● 헤더 압축

헤더 정보에는 중복 데이터가 많기 때문에, 차이만 전송하는 압축 방식(HPACK)을 사용함으로써 데이터 전송량을 줄일 수 있습니다.

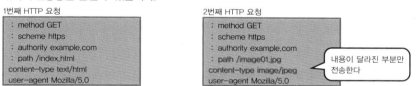

1번째 HTTP 요청

```
: method GET
: scheme https
: authority example.com
: path /index.html
content-type text/html
user-agent Mozilla/5.0
```

2번째 HTTP 요청

```
: method GET
: scheme https
: authority example.com
: path /image01.jpg
content-type image/jpeg
user-agent Mozilla/5.0
```

내용이 달라진 부분만 전송한다

● 서버 푸시

일반적으로는 웹브라우저로부터의 HTTP 요청에 대해, 웹서버가 필요한 콘텐츠를 전송합니다. HTTP/2에서는 HTTP 요청 내용을 기반으로 웹서버 측에서 필요한 파일을 판별해 웹브라우저로부터의 HTTP의 요청 없이, 사전에 웹서버로부터 전송합니다.

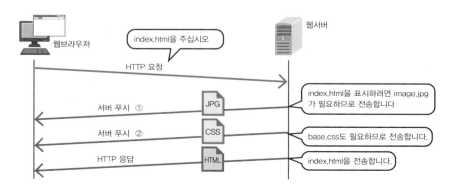

웹브라우저 · 웹서버

index.html을 주십시오

HTTP 요청

index.html을 표시하려면 image.jpg가 필요하므로 전송합니다

서버 푸시 ① JPG

서버 푸시 ② CSS base.css도 필요하므로 전송합니다.

HTTP 응답 HTML index.html을 전송합니다.

관련 용어   HTTP _ p.50 / HTTP/1.1 _ p.62 / 메시지 헤더 _ p.58

10 / HTTPS의 구조

인터넷의 보급에 따라 웹사이트를 통해 쇼핑이나 뱅킹, 티켓 예약 등의 서비스를 사용할 수 있게 됐습니다. 이때 신용 카드 번호가 도청되거나 주문 내용이 조작되거나 '스미싱 사이트'를 통해 개인 정보를 갈취당할 위험이 있는 상황에서는 안심하고 사용할 수 없습니다. 이런 위협으로 중요한 데이터를 지키는 구조가 'HTTPS'입니다.

HTTPS란 HTTP over SSL/TLS의 약어로 HTTP 통신에서, 암호화 방식인 SSL^{Secure Sockets Layer}나 TLS^{Transport Layer Security}를 사용함으로써 웹사이트를 안전하게 사용할 수 있습니다.

● 안전성을 확보하는 구조

HTTPS에서 사용되는 SSL/TLS에서는 다음 3가지 구조를 통해 웹사이트의 안전성을 확보합니다.

- **도청 방지(암호화 통신)**

  웹사이트를 열람할 때, 실제로는 여러 서버를 경유하기 때문에 제삼자가 통신 내용을 갈취하는 것은 비교적 간단합니다. 만에 하나 갈취되더라도 내용을 해독할 수 없도록 하기 위해 데이터를 암호화해 전송함으로써 제삼자로부터의 도청을 방지합니다.

- **변조 방지**

  네트워킹에서 송금처 정보가 바뀌어 버리는 것과 같은 데이터 변조에 대한 대책으로 '메시지 다이제스트Message Digest'를 사용합니다. 메시지 다이제스트란 어떤 데이터로부터 유일한 짧은 데이터(해시값)를 추출하는 계산을 말합니다. 데이터 송수신 시 해시값을 비교해 변조를 검지할 수 있습니다.

- **위장 방지(웹사이트 운용 소스 확인)**

  웹서버에 'SSL 서버 인증서'라 불리는 전자 인증서를 배치하고 연결 시 검증함으로써, 웹사이트를 운영하는 회사의 신원을 확인할 수 있습니다. 그리고 SSL 서버 인증서는 발행을 확인받은 '인증 기관'에 따라 운영 소스의 인증 작업을 통과해야 하기 때문에, 신뢰할 수 없는 발생 소스의 SSL 서버 인증서를 사용한 경우에는 웹브라우저상에서 경고 화면이 표시됩니다.

SSL 3.0 이후부터 TLS라는 이름으로 변경됐습니다. 이 시점에서 SSL이라는 명칭이 널리 정착되어 있었기 때문에 TLS를 포함해 SSL이라 부르는 경우가 많습니다. 플러스 1

그림과 작동 원리로 쉽게 이해하는 웹의 기초

● HTTPS는 안정성을 높인다

인터넷 통신의 주요 리스크는 '도청', '변조', '위장'을 들 수 있습니다. HTTPS에서는 이러한 리스크들을 방지할 수 있습니다.

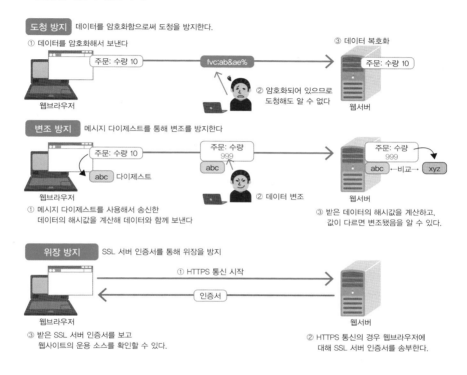

도청 방지 데이터를 암호화함으로써 도청을 방지한다.

① 데이터를 암호화해서 보낸다
③ 데이터 복호화
주문: 수량 10 → fvc:ab&ae% → 주문: 수량 10
② 암호화되어 있으므로 도청해도 알 수 없다
웹브라우저
웹서버

변조 방지 메시지 다이제스트를 통해 변조를 방지한다
주문: 수량 10 / abc 다이제스트
주문: 수량 999 / abc
주문: 수량 999 / abc ─비교→ xyz
② 데이터 변조
웹브라우저
웹서버
① 메시지 다이제스트를 사용해서 송신한 데이터의 해시값을 계산해 데이터와 함께 보낸다
③ 받은 데이터의 해시값을 계산하고, 값이 다르면 변조됐음을 알 수 있다.

위장 방지 SSL 서버 인증서를 통해 위장을 방지

① HTTPS 통신 시작
인증서
웹브라우저
웹서버
③ 받은 SSL 서버 인증서를 보고 웹사이트의 운용 소스를 확인할 수 있다.
② HTTPS 통신의 경우 웹브라우저에 대해 SSL 서버 인증서를 송부한다.

● HTTPS가 사용되고 있음을 확인한다

웹사이트에서 ID나 비밀번호, 신용 카드 정보 등을 입력하기 전에는 HTTPS를 사용하고 있는지 반드시 확인합니다. 프로토콜이 https이고, 브라우저에 따라 표시는 다르지만 대부분 자물쇠 아이콘이 표시됩니다.

SSL 서버 인증서에도 랭크가 있으며, 특히 높은 'EV SSL 서버 인증서'를 사용한 경우 녹색으로 표시됩니다.

관련 용어 　HTTP _ p.50 / SSL/TLS 핸드셰이크 _ p.70 / 암호화 _ p.152 / 공개키 인증서 _ p.154 / 해시 _ p.152

3 _ HTTP에서의 전달 구조

11 / HTTPS 통신

● SSL/TLS 핸드셰이크

웹사이트를 열람할 때 HTTPS를 사용함으로써 '도청', '변조', '위장' 등의 위험성을 방지할 수 있습니다. 웹브라우저와 웹서버에서 갑자기 HTTPS 통신이 시작하는 것은 아닙니다. HTTPS에서의 통신을 시작하는 데는 크게 나누어 다음 네 단계로 통신을 수행해야 합니다.

1. 암호화 방식 결정

암호화 방식은 여러 가지가 존재하기 때문에 웹브라우저와 웹서버 양쪽이 사용할 수 있는 암호화 방식을 결정할 필요가 있습니다. 이 단계에서는 암호화 방식을 결정하는 것 외에 HTTPS에서 사용되는 SSL 또는 TLS 버전과 위변조 방지에서 사용되는 메시지 다이제스트 방식을 결정합니다.

2. 통신 상대 인증

이 단계에서는 웹브라우저가 통신하고 있는 웹서버가 올바른 상대인지를 SSL 서버 인증서를 사용해 확인합니다. 올바른 웹서버임을 확할 수 없는 경우는 웹브라우저상에 경고가 표시됩니다.

3. 키 교환

이 단계에서는 데이터 전송에 사용하는 '키'를 교환합니다. 키는 데이터를 전송할 때의 암호화, 및 암호화된 데이터를 복호화할 때 사용됩니다.

4. 암호화 방식 확인

마지막 단계에서는 실제로 사용하는 암호화 방식의 최종 확인 작업을 수행합니다. 이 단계가 완료되면 웹브라우저와 웹서버 사이에서 암호화 통신이 시작됩니다.

HTTPS에서 이 네 단계의 통신은 SSL 또는 TLS에 따라 실현되므로 **SSL/TLS 핸드셰이크** SSL/TLS Handshake라 부릅니다.

SSL/TLS에서 암호화 등의 처리를 전문으로 수행하는 기기나 소프트웨어를 SSL 엑셀러레이터^{SSL. Accelerator}라 부릅니다. 웹서버가 수행해야 할 처리를 대신 부담함으로써 부하를 줄일 수 있습니다. 플러스 1

● SSL/TLS 핸드셰이크의 흐름

SSL/TLS 핸드셰이크는 TCP 커넥션이 확립된 후, 다음 흐름으로 수행됩니다.

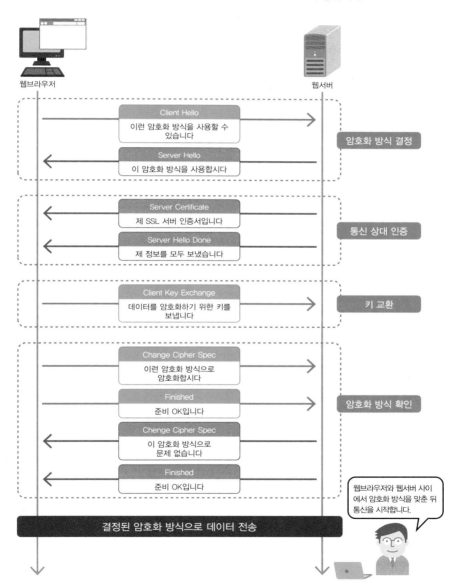

웹브라우저   웹서버

Client Hello
이런 암호화 방식을 사용할 수 있습니다

Server Hello
이 암호화 방식을 사용합시다

암호화 방식 결정

Server Certificate
제 SSL 서버 인증서입니다

Server Hello Done
제 정보를 모두 보냈습니다

통신 상대 인증

Client Key Exchange
데이터를 암호화하기 위한 키를 보냅니다

키 교환

Change Cipher Spec
이런 암호화 방식으로 암호화합시다

Finished
준비 OK입니다

Chenge Cipher Spec
이 암호화 방식으로 문제 없습니다

Finished
준비 OK입니다

암호화 방식 확인

웹브라우저와 웹서버 사이에서 암호화 방식을 맞춘 뒤 통신을 시작합니다.

결정된 암호화 방식으로 데이터 전송

관련 용어   HTTPS _ p.68 / 암호화 _ p.152 / 공개키 인증서 _ p.154

스테이트풀과 스테이트리스

HTTP는 매우 단순한 프로토콜이며, 특징으로 스테이트리스^{Stateless}를 들 수 있습니다. 스테이트리스는 '상태를 유지하지 않는다'는 의미이며, HTTP에서는 요청/응답을 1회 왕복하면 전달 처리가 완결된 것으로 간주하고 여러 처리를 연결 짓는 구조가 됩니다.

한편, 스테이트리스와 달리 '상태를 유지'해 두고, 다음 처리 내용에 반영시키는 방식을 스테이트풀^{Stateful}이라 부릅니다. 스테이트풀 시스템의 경우 일대일 통신이라면 상태를 유지하는 것이 부담이 되지 않습니다. 하지만 여러 클라이언트에 대해 1대의 서버로 처리하는 다대일 통신이라면 여러 클라이언트의 상태를 1대의 서버에 유지하고, 유지한 정보를 기반으로 클라이언트별로 처리해야 하기 때문에 클라이언트가 많아지면 부담이 됩니다. 그렇기 때문에 여러 클라이언트로부터의 접속이 발생하는 웹 시스템에서 사용되는 HTTP에서는 많은 처리를 빠르게 처리하기 위해서도, 상태를 유지하지 않고 요청된 내용에 응답하기만 하는 스테이트리스 설계가 적합합니다.

● HTTP의 약점

하지만 웹의 진화와 함께 HTTP가 스테이트리스 구조로는 곤란한 상황이 늘어났습니다. 예를 들어, 쇼핑 사이트에서의 '제품을 선택한다', '제품을 장바구니에 넣는다', '장바구니 내용을 확인한다', '제품을 구입한다' 같은 작동은 웹서버에서 보면 웹브라우저로부터의 다른 작동(HTTP 요청)이 됩니다. 그렇기 때문에 제품을 장바구니에 넣은 작동을 하더라도 '제품을 장바구니에 넣었다'는 상태가 웹서버에는 저장되지 않으므로, 다음 작동에서 장바구니의 내용을 확인해도 장바구니에 제품이 들어있지 않게 됩니다.

실제 쇼핑 사이트에서는 장바구니에 넣은 제품을 확인하거나, 제품을 구입할 수 있습니다. 이것은 HTTP를 보완하는 다른 구조로서 이전 상태를 기반으로 다음 작동을 처리하는, 상태를 유지하고 관리하는 구조가 도입되어 있기 때문입니다.

스테이트풀과 스테이트리스의 차이

직전에 통신한 상대 등의 상태를 이후 통신에서도 기억하는 것을 스테이트풀이라 부르며, 매번 초기화하는 것을 스테이트리스라 부릅니다.

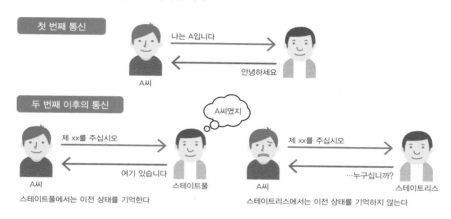

스테이트풀에서는 이전 상태를 기억한다 / 스테이트리스에서는 이전 상태를 기억하지 않는다

스테이트풀은 부담이 크다

스테이트풀 쪽이 편리하게 보이지만, 서버가 한 번에 많은 클라이언트와 통신해야만 하기 때문에 항상 모든 클라이언트의 상태를 유지하는 것은 매우 부담이 커집니다.

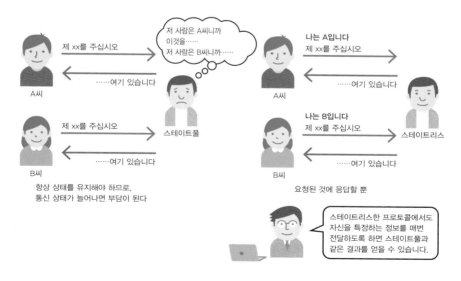

항상 상태를 유지해야 하므로, 통신 상태가 늘어나면 부담이 된다 / 요청된 것에 응답할 뿐

스테이트리스한 프로토콜에서도 자신을 특정하는 정보를 매번 전달하도록 하면 스테이트풀과 같은 결과를 얻을 수 있습니다.

3 _ HTTP에서의 전달 구조

13 쿠키

HTTP는 스테이트리스 프로토콜이므로 웹브라우저와 웹서버의 일련의 통신에 대한 상태를 유지하고 관리하는 구조가 없습니다. 그렇기 때문에 쇼핑 사이트 등에서 상태를 유지하고 관리해야 할 때는 쿠키Cookie라 부르는 데이터를 사용합니다.

● 쿠키 전달

웹서버에 연결을 한 웹브라우저에 대해 콘텐츠 등과 함께 웹브라우저에 저장할 정보를 쿠키로서 보냅니다. 예를 들어, 쇼핑 사이트라면 연결한 웹브라우저를 식별하기 위한 정보를 쿠키로서 보냅니다. 쿠키를 받은 웹브라우저는 그것을 저장해 두고, 다음에 웹서버에 연결할 때 저장해 두었던 쿠키를 송신함으로써 웹서버는 연결을 시도하는 상태를 식별할 수 있습니다.

● 세션 헤더 사용

쿠키 송신에는 메시지 헤더를 사용합니다. 웹서버는 HTTP 응답에 'Set-Cookie' 헤더를 포함해 쿠키를 송신할 수 있고, 웹브라우저는 HTTP 요청에 'Cookie' 헤더를 포함해 송신할 수 있습니다. 'Set-Cookie' 헤더에는 옵션으로 쿠키 유효 기간을 설정하거나, HTTPS만 사용해 쿠키를 송신하도록 설정할 수도 있습니다.

● 세션 쿠키

유효 기간이 설정되어 있지 않은 쿠키는 웹브라우저가 닫힐 때 동시에 삭제됩니다. 이런 쿠키를 '세션 쿠키'라고 부릅니다. 한편 유효 기간이 설정된 쿠키는 웹브라우저를 닫아도 삭제되지 않고, 유효 기간이 될 때까지 웹브라우저상에 남습니다. 쿠키는 웹브라우저의 식별에도 사용되므로, 도둑맞으면 다른 사람이 위장을 할 수도 있습니다. 그렇기 때문에 보안 관점에서 쇼핑 사이트 등에서는 세션 쿠키를 자주 사용합니다.

'쿠키'라는 이름은 'Magic Cookie'라 불리는 쿠키와 비슷하게 작동하는 데이터에서 유래했으나, Magic Cookie라는 이름의 유래는 알려지지 않았습니다.

플러스
1

그림과 작동 원리로 쉽게 이해하는 웹의 기초

● 웹브라우저와 웹서버가 쿠키를 전달하는 흐름

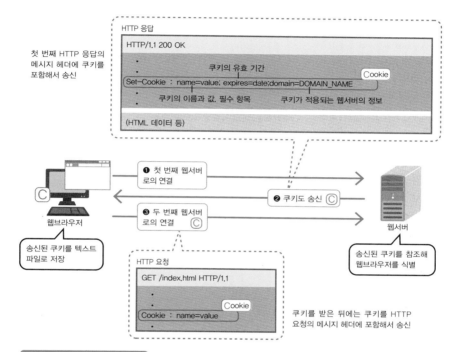

첫 번째 HTTP 응답의
메시지 헤더에 쿠키를
포함해서 송신

HTTP 응답

HTTP/1.1 200 OK

쿠키의 유효 기간

Cookie

Set-Cookie : name=value; expires=date;domain=DOMAIN_NAME

쿠키의 이름과 값. 필수 항목   쿠키가 적용되는 웹서버의 정보

(HTML 데이터 등)

❶ 첫 번째 웹서버로의 연결

❷ 쿠키도 송신 ⓒ

❸ 두 번째 웹서버로의 연결 ⓒ

웹브라우저

송신된 쿠키를 텍스트
파일로 저장

웹서버

송신된 쿠키를 참조해
웹브라우저를 식별

HTTP 요청

GET /index.html HTTP/1.1

Cookie

Cookie : name=value

쿠키를 받은 뒤에는 쿠키를 HTTP
요청의 메시지 헤더에 포함해서 송신

쿠키에 사용되는 헤더 필드

이름	내용	종별
Set-Cookie	상태를 유지/관리하기 위한 정보(쿠키)	응답 헤더 필드
Cookie	웹서버로부터 받은 쿠키 값	요청 헤더 필드

Set-Cookie 헤더 필드에 기술하는 속성

속성	내용
name=value	쿠키에 붙은 이름과 그 값(필수)
expires=date	쿠키의 유효 기간. 이 속성이 없으면 웹브라우저를 닫을 때 쿠키는 삭제된다.
max-age=seconds	쿠키의 잔존 시간 지정(초 단위).
secure	HTTPS로 송신하는 경우에만 쿠키를 송신.
httponly	자바스크립트에서 쿠키로의 참조 제한
domain=DOMAIN_NAME	쿠키가 사용되는 도메인명
path=PATH	쿠키가 사용되는 서버상의 경로

※ 여러 속성을 ';'로 구분해서 Set-Cookie 헤더에 기술할 수 있다.

3 _ HTTP에서의 전달 구조

관련
용어 HTTP 응답 _ p.52 / 스테이트풀/스테이트리스 _ p.72 / 세션 _ p.76 / 메시지 헤더 _ p.58

14 세션

웹브라우저와 웹서버의 통신에서 일련의 관련성이 있는 처리의 흐름을 '세션'이라 부릅니다. 예를 들어, 쇼핑 사이트에서 제품을 구매할 때 '제품을 선택한다', '제품을 장바구니에 넣는다', '장바구니의 내용을 확인한다', '제품을 구입한다' 같은 처리의 흐름이 세션이 됩니다.

● 세션 관리

웹서버로의 접근은 1대의 웹브라우저뿐만 아니라, 여러 웹브라우저로부터 일어납니다. 그렇기 때문에 어떤 웹브라우저로부터의 처리를 관련성이 있는 일련의 처리(=세션)로 취급하고 싶을 때는 쿠키를 사용해 세션을 관리할 수 있습니다.

세션 관리에서 웹브라우저를 식별하기 위한 정보를 세션 ID$^{Session ID}$라 부르며, 세션 ID는 웹서버에서 생성하고 쿠키에 포함되어 웹브라우저로 송신됩니다. 웹서버로부터 세션 ID를 받은 웹브라우저는 다음번 이후, 쿠키에 세션 ID를 포함해 처리를 수행함으로써 웹서버와의 세션을 유지할 수 있습니다. 그리고 세션 안에서 전달된 '어떤 제품을 장바구니에 넣었는가' 등의 처리는 세션 ID와 연결된 '세션 데이터'로서 웹서버에 저장됩니다. 웹브라우저는 세션 ID를 사용해 웹서버에 저장된 자신의 세션 데이터를 참조할 수 있습니다.

● 세션 ID 전달

세션 ID 전달에는 쿠키를 사용하는 방법이 일반적이지만, 경우에 따라 쿠키를 사용할 수 없는 웹브라우저도 있기 때문에 URL에 세션 ID를 삽입하는 방법이나 웹페이지 안의 폼에 삽입하는 방법도 있습니다. 하지만 쿠키를 사용하는 방법에 비해 정보가 누출될 가능성이 높아서 잘 쓰이지 않습니다.

그리고 세션 ID는 개인을 식별하기 위해 사용되는 중요한 값이므로, 위장을 방지하기 위해서도 추측하기 어려운 값을 사용해야 합니다.

다른 사람의 세션 ID를 도청하는 등으로 훔쳐서, 해당 세션 ID를 사용해 그 사람인 것처럼 위장하는 변조를 수행하는 것을 세션 하이재킹$^{Session Hijacking}$이라 부릅니다. 플러스 1

● 세션 ID를 사용한 세션 관리

세션 데이터는 세션 ID와 연결되어 웹서버상에서 관리됩니다. 쿠키 등을 사용해 세션 ID를 송신하고, 웹서버에 저장된 세션 데이터를 참조할 수 있습니다.

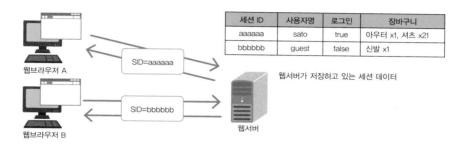

세션 ID	사용자명	로그인	장바구니
aaaaaa	sato	true	아우터 x1, 셔츠 x21
bbbbbb	guest	false	신발 x1

웹브라우저 A

SID=aaaaaa

웹브라우저 B

SID=bbbbbb

웹서버가 저장하고 있는 세션 데이터

웹서버

● 세션 ID 전달 방법

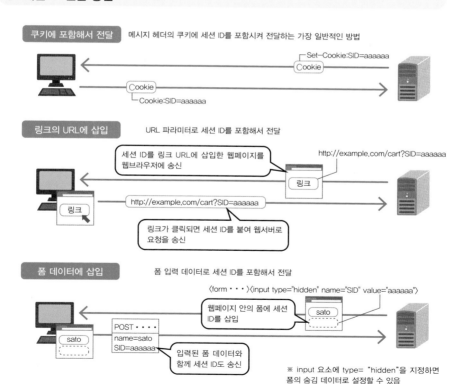

쿠키에 포함해서 전달　메시지 헤더의 쿠키에 세션 ID를 포함시켜 전달하는 가장 일반적인 방법

Set-Cookie:SID=aaaaaa
Cookie

Cookie
Cookie:SID=aaaaaa

링크의 URL에 삽입　URL 파라미터로 세션 ID를 포함해서 전달

세션 ID를 링크 URL에 삽입한 웹페이지를 웹브라우저에 송신

http://example.com/cart?SID=aaaaaa

링크

링크

http://example.com/cart?SID=aaaaaa

링크가 클릭되면 세션 ID를 붙여 웹서버로 요청을 송신

폼 데이터에 삽입　폼 입력 데이터로 세션 ID를 포함해서 전달

〈form ・・・〉〈input type="hidden" name="SID" value="aaaaaa"〉

웹페이지 안의 폼에 세션 ID를 삽입

sato

POST ・・・・
name=sato
SID=aaaaaa

sato

입력된 폼 데이터와 함께 세션 ID도 송신

※ input 요소에 type= "hidden"을 지정하면 폼의 숨김 데이터로 설정할 수 있음

3 _ HTTP에서의 전달 구조

15

URI

정보나 데이터 같은 리소스를 식별하기 위한 기술 방법을 URI^{Uniform Resource Identifier}라 부릅니다. URI는 컴퓨터가 다루는 리소스뿐만 아니라 사람이나 회사, 서적 등 다양한 리소스를 나타낼 수 있습니다.

URI 중 리소스가 존재하는 위치를 나타내는 것을 URL^{Uniform Resource Locator}이라 부릅니다. URL에는 리소스의 위치를 나타내는 정보 외에, 리소스를 얻는 방법이 기술되어 있으며 웹사이트의 위치를 나타낼 때 사용합니다.

URI 중 위치에 관계없이 리소스 이름을 나타내는 것을 URN^{Uniform Resource Name}이라 부릅니다. 간행된 서적을 고유하게 특정해 식별하기 위한 ISBN 코드 등을 사용해 URN을 기술할 수 있습니다.

● 요청 URI

HTTP에서도 리소스를 특정하기 위해 URI를 사용합니다. HTTP 요청의 경우 URI는 요청행의 메서드에 이어서 기술되며, 요청 URI라고도 부릅니다. 요청 URI에는 URI를 모두 포함하는 절대 URI 형식, URI의 일부를 포함하는 상대 URI 형식이 있으며, 일반적으로 간단하게 기술한 상대 URI 형식을 사용합니다.

● 퍼센트 인코딩

URI에서 사용할 수 있는 문자는 한정되어 있으며 예약 문자와 비예약 문자가 존재합니다. 예약 문자란 특정한 목적으로 사용하기 위해 예약된 문자이며, 그 목적 이외에는 URI에 사용할 수 없습니다. 비예약 문자란 숫자나 알파벳 등 자유롭게 URI에 사용할 수 있는 문자를 말합니다.

예약 문자도 비예약 문자도 아닌 문자를 URI에서 사용할 때는 퍼센트 인코딩^{Percent Encoding}이라 불리는 방법을 사용해 해당 문자를 변환해야 합니다.

퍼센트 인코딩에서는 '%'(퍼센트)에 이어서 표기할 수 없는 문자의 문자 코드를 16진수로 표시해 '%xx'(xx는 16진수) 형식으로 변환합니다.

● URI의 예

URI는 스킴이라 불리는 식별자로 시작하고, 이어서 ':'(콜론)으로 구분해 각 스킴별로 지정된 표현 형식으로 기술됩니다.

스킴	스킴별 표현 형식
http:	//example.com/news/index.html example.com에 있는 news 폴더 안의 index.html 파일
ftp:	//example.com/docs/news01.doc example.com에 있는 docs 폴더 안의 news01.docx 파일
urn:	isbn:0-123-45678-9 isbn 코드 0-123-45678-9로 표시된 서적
urn:	ietf:rfc2648 ietf가 관리하는 RFC2648 문서

URI는 '리소스 위치'를 나타내는 URL과 '리소스 이름'을 나타내는 URN 으로 나눌 수 있습니다.

URI를 통해 '리소스 위치'나 '리소스 이름'을 식별할 수 있다

● 절대 URI와 상대 URI

HTTP 요청에서 각 메서드로 조작하고자 하는 리소스를 특정할 때 URI를 사용합니다.

절대 URI로 표기	GET http://example.com/news/index.html HTTP/1.1 Host:example.com

'http://'로 시작하는 URI에서는 호스트명 및 경로명 모두가 요청 행에 기술된다.
HTTP 요청이 프락시 서버를 경유할 때는 절대 URI를 사용한다.

상대 URI로 표기	GET /news/index.html HTTP/1.1 Host:example.com

'/'로 시작하는 URI로 경로명만 요청 행에 기술한다.
일반적으로는 상대 URI를 사용해 HTTP 요청이 송신된다.

● 영문자/숫자와 일부 기호 이외에는 퍼센트 인코딩을 한다

URI 규정에는 예약 문자(!, #, $ 등의 기호), 비예약문자(반각 영문자 등)가 결정되어 있으며 URI에 서는 비예약 문자만 사용할 수 있습니다. 그리고 한글과 같이 어느 쪽에도 포함되지 않는 문자 는 % 뒤에 문자 코드를 16진수로 표현한 형식으로 변환됩니다. 이것을 퍼센트 인코딩이라 부릅 니다.

'좋은 날'이라는 문구를 퍼센트 인코딩……	
문자 코드	**좋은 날 ⇒ (퍼센트 인코딩 후)**
EUC-KR	%C1%C1%C0%BA%20%B3%AF
UTF-8	%EC%A2%8B%EC%9D%80%20%EB%82%A0

사용하는 문자 코드에 따라 퍼센트 인코딩 변환 결과가 다릅니다.

관련
용어 HTTP 메서드 _ p.54 / HTTP 요청 _ p.52 / URL _ p.42

웹사이트의 'HTTPS'화가 멈추지 않는다?

최근 HTTPS를 도입하는 웹사이트가 늘어나고 있습니다. 기존에 HTTPS를 도입한 웹사이트라 하면 쇼핑 사이트나 폼 등에서 개인 정보를 송신하는 기업 사이트 정도였습니다. 그리고 이들 웹사이트에서도 HTTPS를 도입한 것은 개인 정보 등을 다루는 중요한 일부 페이지뿐으로, 그 이외에는 HTTPS가 아닌 경우가 많았습니다. 그러나 웹사이트 전체를 HTTPS로 '상시 SSL'화한 웹사이트도 늘어나고 있습니다.

그러나 왜 지금, HTTPS를 도입하는 웹사이트가 늘어나고 있을까요? 그 이유의 하나로 사용자의 접근 환경 변화를 들 수 있습니다. Wi-Fi(무선 LAN)에 대응한 스마트폰 등의 보급에 따라 카페나 공공 시설에 설치된 Wi-Fi 환경에서의 연결이 늘어났습니다. 그리고 일본에서는 2020년 도쿄 올림픽에 맞춰 Wi-Fi 환경을 전국적으로 정비했습니다. 이동통신 기지국으로부터의 전파가 닿지 않는 장소나 해외 여행자들도 사용할 수 있는 Wi-Fi 환경은 편리한 반면, 보안 대책이 완벽하지 않은 경우가 많으므로 웹사이트를 운영하는 입장에서 보면 HTTPS를 도입하는 것이 사용자에게 안전성이나 신뢰성을 어필할 수 있습니다.

웹서비스를 제공하는 각 기업들도 HTTPS를 추진하고 있으며, 전 세계 최대급의 검색 사이트를 운영하는 구글은 HTTPS를 도입한 웹사이트의 검색 순위를 우위에 두고 있습니다. 그리고 구글 크롬 브라우저에서는 2017년 1월에 릴리스된 버전부터, 신용카드 정보 입력 페이지가 HTTP로 되어 있으면 경고를 표시합니다. 또한 장래에는 모든 HTTP 페이지를 안전하지 않은 것으로 보고 경고를 표시할 것을 예고했습니다.[1] 이후에는 모든 웹사이트가 HTTPS가 될지도 모릅니다. 하지만 주의할 점이 있습니다. HTTPS라고 '절대'로 안심할 수 있거나 안전하지는 않습니다. HTTPS라 하더라도 통신이 도청될 리스크나 개인 정보 탈취를 목적으로 한 웹사이트도 여럿 존재합니다. 웹사이트를 안전하게 이용하려면 사용자 역시 보안 의식을 가져야만 합니다.

---

1 (엮은이) 2018년 7월에 출시된 크롬68 버전부터 HTTP 사이트를 '주의 요함'으로 표시하고 있습니다.
https://korea.googleblog.com/2018/07/chrome-security.html

4

웹의 다양한 데이터
형식

처음에는 문서밖에 다룰 수 없었던 웹이지만 현재는 이미지나 음악, 영상 등 다양한 형태의 데이터를 다룰 수 있게 됐습니다. 이번 장에서는 웹에서 다룰 수 있는 데이터 형식에 관해 살펴봅니다.

HTML

● HTML 문서의 구조

HTML 문서는 태그로 둘러싸인 문장으로 구성되어 있습니다. 태그란 감싼 문장이 '무엇을 의미하는가'를 나타내는 것으로, 시작을 나타내는 시작 태그와 끝을 나타내는 종료 태그로 이루어집니다. '시작 태그, 문장, 종료 태그'의 덩어리를 요소^{Element}라 부릅니다. 태그는 요소 명을 < >와 </ >로 감싸고 시작 태그는 <요소명>, 종료 태그는 </요소명>으로 기술합니다. 즉, 하나의 요소는 '<요소명>문장</요소명>'과 같은 형태로 기술됩니다.

그리고 요소는 중첩할 수 있으며 '<요소명>요소A 요소B 요소C</요소명>'과 같이 시작 태그와 종료 태그 사이에 다른 요소를 넣을 수 있습니다. HTML 문서는 HTML 문서임을 나타내는 html 요소명을 가진 태그 사이에 다양한 요소가 삽입되어 구성됩니다.

요소에는 필요에 따라 그 요소의 특성을 나타내는 속성^{Property}을 추가할 수 있습니다. 그때는 시작 태그 요소명 뒤에 공백을 넣고 '속성명=속성'을 추가해 속성을 나타냅니다. 예를 들어, 링크를 나타내는 a라는 요소에 링크 대상 URL인 http://example.com/link.html을 추가할 때는 <a href="http://example.com/link.html">링크</a>처럼 기술합니다. 이때 href가 링크 대상을 나타내는 속성명입니다.

● HTML의 발전

HTML은 개발 당시에는 문서와 링크를 나타내기 위한 것이었지만, 웹 보급과 기술 발전에 따라 버전이 업데이트되면서 계속해서 기능이 추가되고 있습니다. 최근에는 모바일 기기에서의 표시를 편리하게 하는 신기능 등이 추가된 최신 버전인 HTML 5.1이 2016년 11월 1일에 권고됐습니다.

이처럼 HTML은 사용 상황의 변화에 대응해 지금도 계속 발전하고 있습니다.

최근 버전 업데이트에서는 모바일 기기나 멀티미디어, 웹 애플리케이션을 위한 기능들이 많이 추가됐습니다.

플러스
1

HTML 문서의 기본 구조

URI는 스킴이라 불리는 식별자로 시작하고, 이어서 ':'(콜론)으로 구분해 각 스킴별로 지정된 표현 형식으로 기술됩니다.

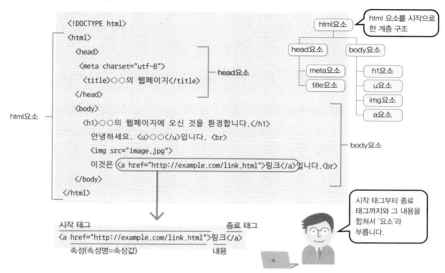

HTML 버전과 특징

버전	기능
HTML 1.0	HTML의 원형(기본적인 문서 구조와 링크)
HTML 2.0	입력 폼
HTML 3.2	테이블 구조, 색 적용
HTML 4.01	데커레이션, 서식 등 시각적 표현을 HTML로부터 분리하고 언어 사양을 강화
HTML5	웹 애플리케이션의 기능 향상을 시야에 넣은 대대적 확장. 동영상, 음원 삽입이 가능해짐
HTML 5.1	모바일용 이미지 해상도 대응 등

HTML Living Standard에 통합된 이후에는 버전 개념이 없어지고, 매일매일 개정이 이뤄지고 있습니다.

DOCTYPE 선언

HTML 맨 앞에 기술하는 DOCTYPE 선언은 이 HTML 문서가 어떤 버전의 HTML을 사용하는지에 관한 정보를 전달한다. HTML5 이후는 간단히 html이라고만 기술하는 단순한 형태가 됐다.

HTML 버전	DOCTYPE 형식
HTML5 이후	`<!DOCTYPE html>`
HTML 4.01 Strict	`<!DOCTYPE HTML PUBLIC "-//W3C//DTD HTML 4.01//EN" "http://www.w3.org/TR/html4/strict.dtd>`
HTML 4.01 Transitional	`<!DOCTYPE HTML PUBLIC "-//W3C//DTD HTML 4.01 Transitional//EN" "http://www.w3.org/TR/html4/loose.dtd">`
HTML 4.01 Frameset	`<!DOCTYPE HTML PUBLIC "-//W3C//DTD HTML 4.01 Frameset//EN" "http://www.w3.org/TR/html4/frameset.dtd">`

관련
용어   CSS _ p.88 / DOM _ p.92 / XHTML _ p.86 / XML _ p.86

02 웹페이지에서 사용되는 이미지 형식

웹페이지에서 다루는 이미지 데이터는 네트워크 전송량을 줄이기 위해서 기본적으로 데이터 크기를 줄이는 형식을 사용합니다.

● JPEG(Joint Photographic Experts Group)

파일 확장자가 jpg 또는 jpeg인 경우, 그 데이터는 JPEG 형식입니다. JPEG 형식은 1,677만 가지 색상을 다룰 수 있어, 사진의 이미지 형식으로 자주 활용됩니다. 실제 많은 디지털 카메라에서 이 이미지 형식을 채용하고 있습니다.

사람의 눈으로 느끼기 어려운 데이터를 지움으로써 데이터 크기를 적게 하는(압축하는) 형식이므로, 데이터를 줄이면 줄일수록 화질이 열화되는 특징이 있습니다.

● GIF(Graphics Interchange Format)

파일 확장자가 gif인 경우, 그 데이터는 GIF 형식입니다. 256가지 색상까지만 다룰 수 있는 이미지 형식이지만, JPEG과 달리 데이터를 지우지 않고 데이터 정리를 통해서 압축하기 때문에 압축으로 인한 이미지 열화는 발생하지 않습니다.

특정 색을 투과색(투명)으로 다루거나, 여러 GIF 이미지를 플립 만화처럼 표시해서 애니메이션을 만들 수 있는 것이 큰 특징입니다.

GIF 이미지의 데이터 압축 기술 특허를 가진 UNISYS사가 사용료를 청구하기 시작하면서 한동안 급격하게 사용이 줄었지만 2004년 특허가 실효되어 다시 사용되게 됐습니다.

● PNG(Portable Network Graphics)

파일 확장자가 png인 경우, 그 데이터는 PNG 형식입니다. GIF 형식의 특허 문제로 인해 W3C에서 개발되어 사용이 늘어난 이미지 형식입니다. 1,677만 가지 이상의 색상을 다룰 수 있고, GIF와 마찬가지로 화질 열화가 발생하지 않습니다. 또한, 같은 내용이어도 GIF보다 데이터 크기가 작습니다. 또한 투명도(반투명)를 다룰 수 있다는 것이 큰 특징입니다.

형식별 특징을 바탕으로 나누어 사용하는 것으로 소개한 것 외에도 BMP, TIFF, SVG, WMF, EMF 등과 같은 다양한 이미지 형식도 다룰 수 있습니다.

플러스
1

● 이미지는 img 요소로 표시한다

URI는 스킴이라 불리는 식별자로 시작하고, 이어서 ':'(콜론)으로 구분해 각 스킴별로 지정된 표현 형식으로 기술됩니다.

src 속성에 파일명을 지정

웹브라우저

웹에서 사용되는 주요한 이미지 형식

이미지 형식	화질	압축률	투과 처리	애니메이션
JPEG	최대 1,677만 색	비가역 압축	불가	불가
PNG	최대 1,677만 색	가역 압축	특정 영역의 투명도 조정 가능	불가
GIF	최대 256만 색	가역 압축(최대 색수가 적으므로 다른 형식보다 표현력이 낮음)	특정 색을 투과색으로 지정 가능	다양한 만화 영역에서 애니메이션으로 표시할 수 있음

● JPEG 데이터 압축은 비가역 압축

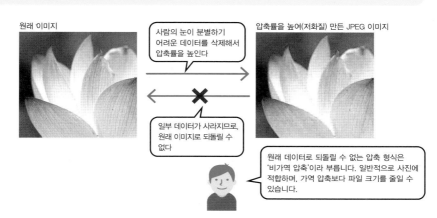

원래 이미지

사람의 눈이 분별하기 어려운 데이터를 삭제해서 압축률을 높인다

압축률을 높여(저화질) 만든 JPEG 이미지

일부 데이터가 사라지므로, 원래 이미지로 되돌릴 수 없다

원래 데이터로 되돌릴 수 없는 압축 형식은 '비가역 압축'이라 부릅니다. 일반적으로 사진에 적합하며, 가역 압축보다 파일 크기를 줄일 수 있습니다.

● GIF, PNG 데이터 압축은 가역 압축

원래 이미지

GIF, PNG 이미지

웹브라우저

데이터가 사라지지 않으므로 언제든 원래 이미지로 되돌릴 수 있다

GIF, PNG는 이미지의 일부를 투명하게 할 수 있다

4 _ 웹의 다양한 데이터 형식

03 XML

XML$^{\text{Extensible Markup Language}}$은 HTML과 같은 마크업 언어이지만, 웹에 특화된 기능을 가진 HTML에 비해 범용적으로 사용할 수 있도록 만들어졌습니다.

● HTML과는 친척 관계

XML과 HTML 모두 원래는 SGML$^{\text{Standard Generalized Markup Language}}$이라는 마크업 언어를 개선해서 만들어진 언어입니다. HTML이 웹 문서(하이퍼텍스트)를 기술하는 것에 특화한 사양으로 결정된 것에 비해, XML은 개별적인 목적에 따라 범용적으로 사용될 수 있도록 만들어져 있습니다. 목적에 따라 태그를 직접 정의할 수 있기 때문에 자유로운 형식으로 유연하게 구조화된 문서를 만들 수 있습니다.

웹 세계에서는 웹브라우저와 웹서버 사이에서 데이터를 전달할 때, 데이터를 구조화하여 다루기 쉽도록 하기 위해 사용됩니다.

XML도 HTML과 마찬가지로 W3C에서 표준화하여 권고됩니다.

● XHTML

XHTML$^{\text{Extensible HyperText Markup Language}}$은 HTML을 XML 문법으로 재정의한 것입니다.

XML의 문법을 따르기 때문에 HTML보다 서식이 엄밀하며, 태그를 생략하거나 태그명의 대문자 혼용을 허용하지 않는 등의 차이가 있습니다. 현재 상당히 보급되어 대부분의 웹브라우저에서 표시할 수 있습니다.

그리고 XHTML은 XML의 일종이므로, 다른 XML에서 정의된 문서를 XHTML 문서에 삽입할 수 있습니다. XHTML에 삽입되어 사용되는 XML 문서의 예로는 MathML(XML로 기술된 수식)이나 SVG(XML로 기술된 이미지)가 있습니다.

XML, XHTML의 X는 'Extensible'를 나타냅니다. XML과 XHTML, HTML 모두 W3C에서 표준화하여 권고됩니다. 플러스 1

그림과 작동 원리로 쉽게 이해하는 웹의 기초

● HTML, XHTML 모두 같은 언어에서 파생했다

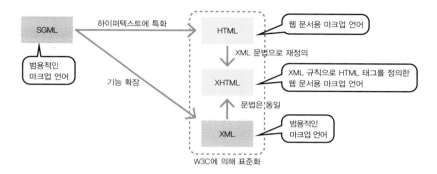

SGML — 범용적인 마크업 언어

하이퍼텍스트에 특화 → HTML — 웹 문서용 마크업 언어

XML 문법으로 재정의

XHTML — XML 규칙으로 HTML 태그를 정의한 웹 문서용 마크업 언어

기능 확장

문법은 동일

XML — 범용적인 마크업 언어

W3C에 의해 표준화

● XML은 맞춤화할 수 있는 범용 마크업 언어

```
〈서적 이름="Web 기술의 모든 것" 발행일="2017년"〉
  〈저자〉0000〈/저자〉
  〈저자〉XXXX〈/저자〉
  〈목차〉
    〈장 장번호="1"〉
      〈항목〉Web이란〈/항목〉
      〈항목〉인터넷과 웹〈/항목〉
        .
        .
        .
    〈/장〉
    〈장 장번호="2"〉
        .
        .
    〈/장〉
  〈/목차〉
〈/서적〉
```

태그는 자유롭게 정의할 수 있다

HTML과 마찬가지로 시작 태그와 종료 태그로 문장을 감싼다

자유로운 형식으로 구조화된 데이터를 표현할 수 있다

● XHTML

```
<?xml version="1.0" encoding="UTF-8"?>
<html xmlns="http://www.w3.org/1999/xhtml" xml:lang="ko" lang="ko">
  <head>
    <title>○○의 웹페이지</title>
  </head>
  <body>
    <h1>○○의 웹페이지에 오신 것을 환영합니다</h1>
    안녕하세요. <u>○○</u>입니다.<br></br>
    <img src="image.jpg" />
      이것은 <a href="http://example.com/link.html">링크</a>입니다./<br />
  </body>
</html>
```

XML 선언으로 시작한다

반드시 시작 태그와 종료 태그로 문장을 감싼다

시작 태그만 사용하는 형식은 허용하지 않으므로 종료 태그를 붙이거나, 마지막에 "/)"를 붙여서 종료를 표시한다

4 _ 웹의 다양한 데이터 양식

관련 용어 Ajax _ p.122 / DOM _ p.92 / HTML _ p.82 / JSON _ p.94 / 피드 _ p.96

04 CSS

CSS^{Cascading Style Sheets}는 HTML이나 XML 표시 방법(형태)을 나타내는 기술로, '스타일 시트 Style Sheet'라 불립니다. HTML에서는 버전 4.0부터 CSS를 사용해 문서 구조와 형태의 기술을 분리하는 것을 권장합니다.

● HTML의 형태를 기술

CSS가 없었을 때는 HTML 안에서 특정한 위치의 문자 크기나 색상 등을 변경하고 싶을 때, font 태그 등을 사용해 표시 방법을 지정했습니다. 하지만 '제목 부분은 모두 이 색상으로 한다' 같은 표시 규칙은 지정할 수 없어 매번 지정해야 했기 때문에, 정교하게 표시하려고 하면 문서 구조와 형태의 기술이 뒤섞여 기술이 복잡해지기 십상이었습니다.

CSS가 등장하면서 '제목 태그 부분만 파란색으로 한다' 같은 표시 규칙을 지정하거나, 형태의 기술을 외부로 추출하고 HTML에는 단순하게 문서 구조에 관한 내용만 갖도록 기술할 수 있게 됐습니다.

● 웹사이트 안에서 공용

CSS는 반드시 HTML과 다른 파일로 만들 필요는 없습니다. HTML 안에 직접 작성할 수도 있습니다. 하지만 CSS와 HTML을 다른 파일로 만듦으로써, 여러 HTML에서 같은 CSS를 공유할 수 있습니다.

웹사이트 안의 웹페이지에서 같은 CSS를 공유할 수 있게 해 두면, 형태를 통일할 수 있어 통일감이 있는 웹사이트를 구축할 수 있습니다.

● 클라이언트별로 표시를 바꾼다

CSS를 사용해 문서 구조와 형태의 기술을 분리하면, CSS만 변경해 문서의 구조는 그대로 유지한 채 형태만 변경할 수 있습니다.

PC나 스마트폰 등의 클라이언트 종류에 따라 CSS를 준비하면, 사용하는 CSS를 교체하는 것만으로 클라이언트에 맞춘 웹페이지를 표시할 수 있습니다.

직접 만든 CSS를 등록해 두고, 로딩한 웹페이지에 해당 CSS를 적용함으로써 자신이 선호하는 디자인으로 만드는 '사용자 스타일 시트'라는 기능을 가진 브라우저도 있습니다.

플러스 1

● **문서 구조와 형태의 기술을 분리할 수 있다.**

문서 구조와 표시 방법(형태)을 함께 작성한 HTML

```
<!DOCTYPE html>
<html>
  <head>
    <title>○○의 웹페이지</title>
  </head>
  <body>
    <h1><font size="20px" color="blue">제목은 20px, 파란색</font></h1>
    여기부터 본문. <font size="10px" color="red">여기는 10px, 빨간색.</font><br>
    2번째 행. <font size="10px" color="red">여기도 10px, 빨간색.</font><br>
  </body>
</html>
```

정교한 형태를 만들려면 HTML이 복잡해진다

HTML

```
<!DOCTYPE html>
<html>
  <head>
    <link rel="stylesheet" href="style.css">
    <title>○○의 웹페이지</title>
  </head>
  <body>
    <h1>제목은 10px, 파란색</h1>
    여기부터 본문. <div class="red10">여기는 10px, 빨간색.</div><br>
    2번째 행. <div class="red10">여기도 10px, 빨간색.</div><br>
  </body>
</html>
```

문서 구조 기술

CSS

표시 방법(형태) 기술

```
h1{
  font-size:
  20px,
  color: blue;
}

.red10{
  font-size:
  10px,
  color: red;
}
```

CSS를 사용하면 구조와 형태의 기술을 분리할 수 있어, 구조가 단순해진다.

● **사이트 안에서 CSS를 공유함으로써 웹사이트 안의 표시를 통일할 수 있다**

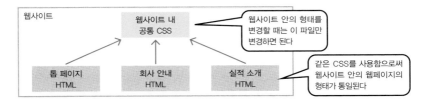

웹사이트

웹사이트 내 공통 CSS

웹사이트 안의 형태를 변경할 때는 이 파일만 변경하면 된다

같은 CSS를 사용함으로써 웹사이트 안의 웹페이지의 형태가 통일된다

톱 페이지 HTML　　회사 안내 HTML　　실적 소개 HTML

● **여러 CSS를 사용할 수 있다**

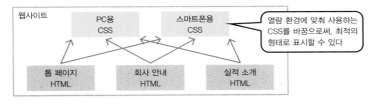

웹사이트

PC용 CSS　　스마트폰용 CSS

열람 환경에 맞춰 사용하는 CSS를 바꿈으로써, 최적의 형태로 표시할 수 있다

톱 페이지 HTML　　회사 안내 HTML　　실적 소개 HTML

관련 용어　HTML _ p.82 / HTTP/2 _ p.64

05 스크립트 언어

동적 처리에는 스크립트 언어를 사용합니다. 서버 사이드 스크립트는 CGI에서 호출하기 위해 HTML과 분리된 별도 파일에 만듭니다. 클라이언트 사이드 스크립트는 HTML과 분리해서 별도 파일로 만들 수 있으며, HTML 안에 직접 스크립트 언어로 작성할 수도 있습니다. 일반적으로는 CSS 파일과 마찬가지로 웹사이트 안에서 공용하기 때문에 HTML과 분리해서 작성하는 경우가 많습니다.

● ECMAScript

자바스크립트[JavaScript]는 파이어폭스[Firefox] 개발로 유명한 모질라 재단[Mozilla Foundation]과 마이크로소프트가 각각 구현해왔기 때문에 ECMA 인터내셔널이 이를 표준화해서 ECMAScript를 결정했습니다.

현재 '자바스크립트'라고 하면 일반적으로 ECMAScript를 가리키며, 많은 웹브라우저들이 이 ECMAScript에 대응하고 있습니다.

많은 웹브라우저가 대응하고 있어 원래는 클라이언트 사이드 스크립트 기술에 사용되는 경우가 많았지만, 최근에는 서버 사이드 스크립트에서의 사용도 점점 증가하고 있습니다.

● 펄, 파이썬, PHP, 루비

서버 사이드 스크립트 개발에는 펄[Perl], 파이썬[Python], PHP, 루비[Ruby] 언어를 많이 사용합니다.

펄은 문법 자유도가 높아, 많은 사람이 다루기 쉽다는 것이 특징입니다.

파이썬은 가독성이 좋고 간략한 프로그램을 작성하는 것을 목적으로 만들어진 언어입니다.

PHP는 웹에서의 사용을 가정해 만들어진 언어입니다. CGI로부터 호출하는 것이 아니라 HTML에 삽입해도 서버 사이드 스크립트로서 사용할 수 있다는 것이 큰 특징입니다.

루비는 객체 지향 프로그래밍용 언어 사양을 갖고 있습니다.

서버 사이드 스크립트를 개발할 때는 이 특징들에 기반해, 최적의 언어를 선택해야 합니다.

● 클라이언트 사이드 스크립트는 자바스크립트

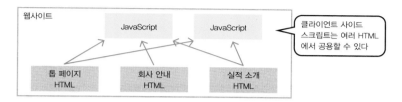

● ECMAScript는 표준화된 자바스크립트

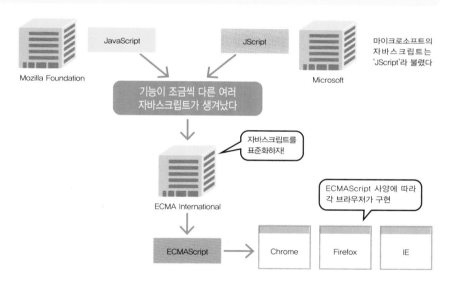

● 서버 사이드 스크립트는 여러 선택지가 있다

서버 사이드 스크립트용 언어는 여러 가지가 있으며, 각 특징들을 바탕으로 사용할 언어를 결정합니다.

언어	특징
펄 (Perl)	• 문법 자유도가 높다. • 역사가 길고, 널리 사용된다.
PHP	• CGI를 사용하지 않고도 HTML에 삽입해서 사용할 수 있다.
파이썬 (Python)	• 스크립트 가독성이 높다. • 문법의 자유도가 낮다.
루비 (Ruby)	• 객체 지향 프로그래밍에 적합하다. • 펄에 가까운 특징을 갖고 있다.

'이 언어가 아니면 구현할 수 없다'와 같은 기능의 차이는 거의 없으므로, 개발자의 경험이나 노하우에 기반해 결정하는 경우가 많습니다.

4 _ 페이지 다양한 데이터 행식

관련 용어 CGI _ p.130 / Web 애플리케이션 _ p.106 / 동적 페이지 _ p.26 / 사용 언어 검토 _ p.166

06 DOM

DOM^{Document Object Model}이란 HTML이나 XML 문서를 다루기 위한 수단(API)입니다. DOM 을 사용하면 프로그램에서 HTML이나 XML의 각 요소를 쉽게 참조, 제어할 수 있습니다.

현재는 대부분의 웹브라우저가 DOM을 구현하고 있어, 웹페이지상에 삽입된 스크립트(클라이언트 사이드 스크립트)나 웹브라우저에 구현된 기능 등으로부터 웹페이지상의 내용을 쉽게 읽거나 편집할 수 있습니다.

그리고 웹브라우저뿐만 아니라 DOM이 구현된 환경이라면 마찬가지로 HTML이나 XML을 다룰 수 있으므로, 웹브라우저와 웹서버 사이에서의 XML 문서를 통해 데이터 교환을 쉽게 하기 위한 방법으로도 활용됩니다.

DOM은 W3C에서 표준화해서 권고됩니다. 레벨 1부터 레벨 3까지 3단계로 권고되며, 기본적인 사양인 레벨 1을 기반으로 레벨 2와 레벨 3에서 XHTML로의 대응 등 확장 기능이 정의되어 있습니다.

- 레벨 1 : XML 1.0과 HTML 4.0x 대응
- 레벨 2 : XML 1.0 확장과 XHTML 1.0, 스타일 시트 지원 등 추가
- 레벨 3 : XML 1.0 확장과 DOM 트리 읽기 기능 등 추가

● 대상 문서를 계층 구조로 다룬다

DOM에서는 대상 문서의 각 요소를 추출하고, 이들을 계층 구조로 다룹니다.

이 계층 구조는 문서의 최상위 요소를 정점(루트)으로 하고, 각 하위 요소들이 나뭇가지처럼 갈라지는 트리 구조로 되어 있습니다. DOM에서는 이 트리 구조를 DOM 트리라고도 부릅니다.

트리 구조의 가지 끝부분을 노드라 부르며, DOM에서는 이 노드를 방문함으로써 목적한 데이터에 접근하고 참조나 편집을 수행합니다.

그러나 대상 문서량이 많아질수록 DOM 트리도 커지기 때문에, 양이 많은 문서를 다룰 때는 처리에 시간이 걸리는 문제점이 있습니다.

● DOM이란

프로그램에서 HTML이나 XML의 내용을 접근할 때 DOM을 사용합니다.

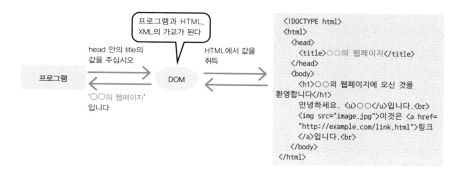

● DOM 트리

HTML/XML의 요소 관계를 트리 구조로 나타낸 것을 DOM 트리라 부릅니다.

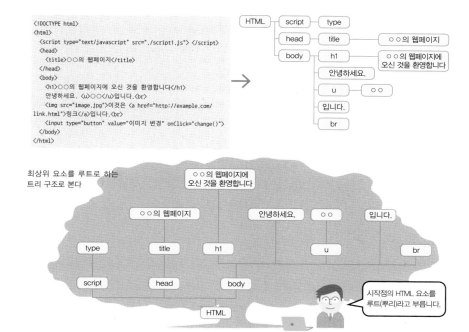

07

JSON

JSON^{JavaScript Object Notation}은 구조화한 데이터를 나타내기 위한 데이터 기술 언어의 하나입니다. 이름에 '자바스크립트'가 있지만 서식이 자바스크립트(ECMAScript)의 그것을 따를 뿐, 자바스크립트만을 위한 것은 아닙니다. 자바스크립트 이외에도 많은 프로그래밍 언어에서 JSON의 읽고 쓰기에 대응합니다.

● 데이터 구조를 나타내기 위해 사용된다

JSON을 사용함으로써 데이터를 트리 구조로 표현할 수 있습니다. 그런 의미에서 XML과 비슷하지만, 텍스트에 태그를 붙여서 데이터 구조를 표현하는 XML과 달리 JSON에서는 데이터를 계층적으로 나열해서 구조를 표현합니다.

이런 차이에서 XML과 JSON은 다음과 같은 특징을 갖습니다.

- XML
  - 데이터로서 문자열만 표현할 수 있다.
  - 모든 정보에 태그를 붙여야 하므로, 데이터 크기가 커지기 쉽다.
  - 텍스트의 임의의 위치에 태그를 붙일 수 있다.

- JSON
  - 데이터로서 문자열 외에도 수치나 비어 있음을 의미하는 데이터 등도 다룰 수 있다.
  - 데이터를 괄호로 감싸서 구조를 표현하므로, 데이터 파일의 크기가 작다.
  - 태그를 사용한 마크를 붙이지 않으므로 사람이 읽기 어렵다.

● 웹상에서 데이터 전달에 자주 사용된다

JSON은 자바스크립트 서식을 따르므로 자바스크립트로 작성된 프로그램에서는 JSON을 그대로 자바스크립트로 읽을 수 있으며, XML과 같이 DOM을 사용할 필요가 없습니다. 그리고 태그명 등으로 데이터 크기가 커지기 십상인 XML보다도 데이터 크기가 작으며, 그만큼 네트워크 전송 속도가 빠릅니다.

그렇기 때문에 자바스크립트가 자주 사용되는 웹 세계에서 자주 사용되는 형식입니다.

'데이터가 비어 있음'을 의미하는 데이터를 널^{Null} 데이터라 부릅니다.

플러스
1

● **XML과 JSON 모두 데이터 기록에 사용하는 포맷**

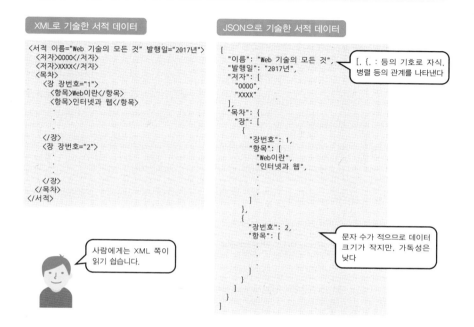

XML로 기술한 서적 데이터

```
<서적 이름="Web 기술의 모든 것" 발행일="2017년">
    <저자>0000</저자>
    <저자>XXXX</저자>
    <목차>
        <장 장번호="1">
            <항목>Web이란</항목>
            <항목>인터넷과 웹</항목>
            .
            .
            .
        </장>
        <장 장번호="2">
            .
            .
            .
        </장>
    </목차>
</서적>
```

사람에게는 XML 쪽이 읽기 쉽습니다.

JSON으로 기술한 서적 데이터

```
[
    "이름": "Web 기술의 모든 것",
    "발행일": "2017년",
    "저자": [
        "0000",
        "XXXX"
    ],
    "목차": {
        "장": [
            {
                "장번호": 1,
                "항목": [
                    "Web이란",
                    "인터넷과 웹",
                    .
                    .
                    .
                ]
            },
            {
                "장번호": 2,
                "항목": [
                    .
                    .
                    .
                ]
            }
        ]
    }
]
```

[, {, : 등의 기호로 자식, 병렬 등의 관계를 나타낸다

문자 수가 적으므로 데이터 크기가 작지만, 가독성은 낮다

● **JSON은 웹 세계에서 사용하기 쉽다**

JSON은 사람이 읽기 어려운 데이터지만 XML에 비해 데이터 전송이 빠르고, DOM을 사용하지 않고도 자바스크립트의 raw 데이터로 다룰 수 있으므로 웹 세계에서 널리 사용되고 있습니다.

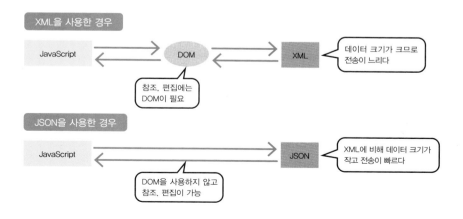

XML을 사용한 경우

JavaScript ⟷ DOM ⟷ XML

데이터 크기가 크므로 전송이 느리다

참조, 편집에는 DOM이 필요

JSON을 사용한 경우

JavaScript ⟷ JSON

XML에 비해 데이터 크기가 작고 전송이 빠르다

DOM을 사용하지 않고 참조, 편집이 가능

08 피드

피드^{Feed}란 웹사이트 등의 업데이트 이력을 전송하기 위한 파일입니다. 블로그나 뉴스 사이트 등 빈번하게 업데이트가 발생하는 웹사이트에서 사용되며, 사용자는 피드를 확인함으로써 웹사이트에 접근하지 않고 최신 업데이트 정보를 확인할 수 있습니다. 피드 내용은 주로 하이퍼링크의 집합으로, 웹페이지의 전체 또는 일부를 포함합니다.

● RSS, Atom

피드에서는 오래전부터 있던 형식이지만 현재는 RDF라는 기술 언어를 기반으로 한 RSS 1.0, XML을 기반으로 한 RSS 2.0의 두 가지 계열로 나뉘어 개발이 진행되고 있습니다. RSS 1.0은 구문이 복잡한 반면 표현력이 풍부하며, RSS 2.0은 풍부한 표현력을 포기하고 간단한 구문을 구현한 것이 특징입니다.

나뉘어 개발이 진행되고 있는 RSS를 대신하는 것을 만들자는 발상에서 XML을 기반으로 하는 Atom 형식도 구축됐습니다.

현재 웹에서는 주로 RSS와 Atom을 사용하고 있습니다.

● 피드 리더

웹상의 피드를 얻고 관리하기 위한 소프트웨어를 피드 리더$^{Feed Reader}$ 또는 피드 애그리게이터$^{Feed Aggregator}$라 부릅니다. 피드 형식으로 RSS가 앞섰기 때문에 RSS 리더$^{RSS Reader}$라 부르는 경우가 많습니다.

등록된 여러 피드를 정기적으로 확인하고 업데이트 정보를 사용자가 열람할 수 있도록 형태를 정리해서 표시하는 기능을 제공합니다.

● 팟캐스트

팟캐스트^{Podcast}란 웹서버상에서 음악이나 동영상을 배치하고 RSS를 통해 웹상에 공개하는 것으로, 음악을 인터넷상에서 전송하는 방법입니다. RSS를 사용함으로써 블로그와 같이 손쉽게 음악이나 영상을 공개할 수 있습니다.

피드를 공개하면 피드 리더 사용자의 흥미를 끌 수 있으며, 조회 수 증가로 이어집니다. 플러스 1

● **피드를 사용해 업데이트를 전송한다**

피드는 웹사이트의 업데이트 정보를 모은 파일이며, 업데이트 빈도가 높은 블로그나 뉴스 사이트에서 사용됩니다. 웹사이트에 방문하지 않더라도 피드를 받는 것만으로 웹사이트 중 어디가 업데이트됐는지 알 수 있습니다.

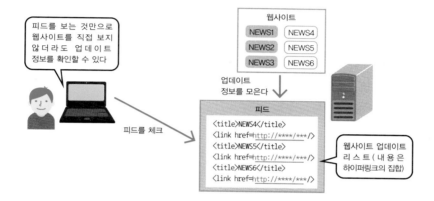

● **피드 리더**

피드로부터 새로운 정보를 효율적으로 얻기 위해, 등록한 웹사이트의 피드를 자동으로 정기적으로 확인해서 보기 쉽게 표시해주는 피드 리더를 사용합니다.

● **팟캐스트 피드**

음성/동영상을 전송하는 팟캐스트에서도 새로운 방송을 알리기 위해 피드를 사용합니다

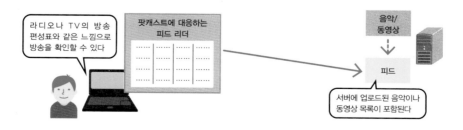

09 마이크로 포맷

마이크로 포맷^{Micro-format}은 HTML이나 XHTML로 기술된 웹페이지 안에 의미를 표현하는 기술을 삽입하기 위한 서식입니다. 예를 들어, 웹페이지 안에 기술한 연락처에 '이 문자열은 전화 번호를 나타냅니다'나 '이 문자열은 이름을 나타냅니다' 같은 정보를 붙일 수 있습니다.

● 웹페이지에 의미를 삽입한다

마이크로 포맷을 사용함으로써 웹페이지의 기술에 내용의 '의미'를 나타내는 정보를 삽입할 수 있습니다.

삽입된 정보는 외부 컴퓨터에서 읽어 사용할 수 있으며, 이를 활용하면 컴퓨터가 자율적으로 정보의 의미를 이해해 처리하는 시맨틱 웹^{semantic web}을 실현할 수 있습니다.

그리고 브라우저의 확장 기능이나 애플리케이션 등에서도 웹으로부터 마이크로 포맷을 얻어, 정보 관리나 스케줄 관리 등에 사용할 수 있는 것들도 늘어나고 있습니다.

마이크로 포맷에서는 의미를 기술할 때, 형태 표현에 영향을 주지 않는 class 요소, rel 요소, rev 요소를 많이 사용합니다.

● 다양한 마이크로 포맷

마이크로 포맷은 microformats 커뮤니티라는 단체에 의해 용도에 따라 다양하게 정의되어 있으며, 그 사양들도 공개되어 있습니다.

쉽게 접할 수 있는 것으로 구글 검색의 리치 스니펫^{rich snippet}(검색 결과에 제품 리뷰의 건수나 매장 영업 시간을 표시하는 기능)에 사용되고 있습니다.

단, 이런 의미를 표현하는 서식은 마이크로 포맷 외에도 마이크로 데이터, PDFa, Schema.org 등 다양한 단체에서 개발하고 있어 현실적으로는 통일되어 있지 않습니다.

● 웹페이지에 '의미'를 삽입한다

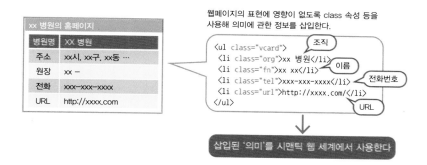

웹페이지의 표현에 영향이 없도록 class 속성 등을 사용해 의미에 관한 정보를 삽입한다.

xx 병원의 홈페이지	
병원명	XX 병원
주소	xx시, xx구, xx동 …
원장	xx −
전화	xxx−xxx−xxxx
URL	http://xxxx.com

```
<ul class="vcard">
 <li class="org">xx 병원</li>        조직
 <li class="fn">xx xx</li>           이름
 <li class="tel">xxx-xxx-xxxx</li>   전화번호
 <li class="url">http://xxxx.com</li>
</ul>                                 URL
```

삽입된 '의미'를 시맨틱 웹 세계에서 사용한다

● 마이크로 포맷의 예

hCard(연락처 정보)

```
<ul class="vcard">······················ 연락처 정보임을 나타낸다
 <li class="fn">full name</li>··············· 이름
 <li class="nickname">nickname</li>  ········· 닉네임
 <li class="bday">yyyy/mm/dd</li>············· 생일
 <li class="org">organization address</li>············· 조직
 <li class="tel">xxx-xxxx-xxxx</li>··············· 전화번호
 <li class="email">email-address@email.com</li>········· 메일 주소
 <li class="url"> http://website.com/</li>············· 웹 주소
</ul>
```

hCalender(이벤트 정보)

```
<p class="vevent">·························· 이벤트 정보인 것을 나타낸다
 <span class="summary">지구대회</span>  ················· 이벤트 내용
 <span class="dtstart">2001-01-15T14:00:00</span>  ··········· 시작 일시
 <span class="dtend">2001-01-15T18:00:00</span>  ··········· 종료 일시
 <span class="location">다목적 그라운드</span>  ············· 장소
 <span class="url">http://kyugievent.com</span>  ·············· 웹 주소
</p>
```

주요 마이크로 포맷

이름	용도
hAtom	표준 HTML 안에 삽입한 Atom 피드
hCalendar	이벤트 정보
hCard	연락처 정보
hReview	서평 등의 리뷰
hResume	이력서

관련 용어   HTML _ p.82 / XHTML _ p.86 / 시맨틱 웹 _ p.30

10 음성/동영상 전송

● 인코드와 디코드

인터넷에서의 전송 시간을 단축하기 위해 음성, 동영상 파일도 이미지 파일과 마찬가지로 데이터를 압축한 뒤 사용합니다. 데이터 압축에는 코덱^{Codec}이라 부르는 소프트웨어를 사용하며 압축하는 것을 인코드^{Encode}, 재생하기 위해 압축을 푸는 것을 디코드^{Decode}라 부릅니다. 널리 사용되는 코덱으로 음성 파일인 경우에는 음악 다운로드에 사용되는 MP3나 AAC, 동영상 파일에서는 스마트폰 동영상 형식인 경우에는 MPEG-4나 마이크로소프트에서 개발한 WMV를 들 수 있습니다.

인코드 및 디코드 기법은 코딩 종류에 따라 다르지만, 이미지 데이터 압축과 마찬가지로 JPEG과 같이 데이터를 삭제하는 방법(비가역 변환), GIF나 PNG와 같이 데이터를 정리하는 방법(가역 변환)이 사용됩니다.

● 다운로드 전송

음악/동영상 전송 방법은 크게 2가지로 나눌 수 있습니다. 첫번째는 '웹서버로부터 파일을 다운로드한 뒤, 그것을 재생한다'는 다운로드 전송입니다. 이 방법은 구조가 단순하고, 특별한 준비가 없어도 간단하게 구현할 수 있습니다. 사용자 측에서 파일 전체를 다운로드한 뒤 재생하는 방법과 파일을 다운로드하면서 재생하는 방법(프로그레시브 다운로드$_{Progressive\ Download}$ 전송)이 있습니다. 단, 두 방법 모두 전송한 파일은 사용자 측에 남기 때문에, 저작권이 있는 데이터의 전송에는 적합하지 않습니다.

● 스트리밍 전송

다운로드 전송의 문제점을 해소하기 위한 방법이 스트리밍 전송입니다. 이 방법은 파일을 작게 분할하고, 작게 잘라진 데이터를 사용자에게 전송해서 재생합니다. 재생한 데이터는 곧바로 삭제되므로, 저작권 문제가 해결됩니다. 단, 송신할 데이터를 작게 잘라 전송하므로 스트리밍 서버를 준비해야 합니다.

● 주요 코덱

동영상이나 음악 압축 및 압축 해제에는 코덱이라는 소프트웨어를 사용합니다.

음악용 코덱	확장자	설명/용도
AAC	.aac, .m4a 등	iPod, 웨어러블
MP3	.mp3	휴대 음악 플레이어
Windows Media Audio(WMA)	.wma	PC용 음악

음악용 코덱	확장자	설명/용도
MPEG-4	.m4v, .mp4 등	스마트폰용 동영상
Windows Media Video (WMV)	.wmv	PC용 동영상
MPEG-2	.mpg, .m2p	DVD, 디지털 지도

● 동영상/음성 전송 형태

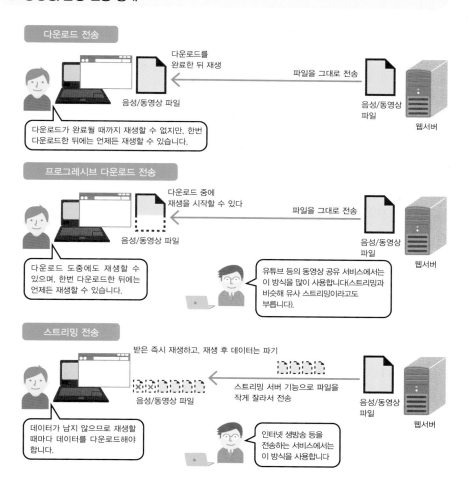

다운로드 전송

다운로드를 완료한 뒤 재생

음성/동영상 파일

파일을 그대로 전송

음성/동영상 파일

웹서버

다운로드가 완료될 때까지 재생할 수 없지만, 한번 다운로드한 뒤에는 언제든 재생할 수 있습니다.

프로그레시브 다운로드 전송

다운로드 중에 재생을 시작할 수 있다

음성/동영상 파일

파일을 그대로 전송

음성/동영상 파일

웹서버

다운로드 도중에도 재생할 수 있으며, 한번 다운로드한 뒤에는 언제든 재생할 수 있습니다.

유튜브 등의 동영상 공유 서비스에서는 이 방식을 많이 사용합니다(스트리밍과 비슷해 유사 스트리밍이라고도 부릅니다).

스트리밍 전송

받은 즉시 재생하고, 재생 후 데이터는 파기

음성/동영상 파일

스트리밍 서버 기능으로 파일을 작게 잘라서 전송

음성/동영상 파일

웹서버

데이터가 남지 않으므로 재생할 때마다 데이터를 다운로드해야 합니다.

인터넷 생방송 등을 전송하는 서비스에서는 이 방식을 사용합니다

관련 용어 이미지 형식 _ p.84

11 / 미디어 타입

인터넷이 보급된 지금, 웹페이지는 PC외에도 휴대전화나 스마트폰, TV, 심지어 점자 디스플레이 등 다양한 기기에서 열람할 수 있게 되어 있습니다.

이 기기들은 화면의 크기나 표시 방법이 각각 다르기 때문에, 그 디자인 또한 달라야 합니다. 이런 기기들의 종류를 HTML이나 CSS 안에서는 미디어 타입으로 지정할 수 있으며, 이 지정에 따라 기기별로 디자인을 변경한 웹페이지를 표시할 수 있습니다.

● 미디어 타입의 종류

다음과 같은 미디어 타입을 지정할 수 있습니다.

- screen : PC의 스크린

- tty : 고정폭 문자 기기

- tv : TV

- projection : 프로젝터

- handheld : 휴대전화

- print : 프린터

- braille : 점자 디스플레이

- embossed : 점자 프린터

- aural, speech : 음성 합성 기기

- all : 모든 미디어

● 기기별 표시 지정 방법

HTML이나 CSS에 '이 미디어 타입에는 이 표시 스타일을 적용한다'는 정보를 미리 포함시켜 둠으로써, 다양한 기기에 맞춰 웹페이지 디자인을 변경할 수 있습니다.

● **다양해지는 웹페이지 열람 환경**

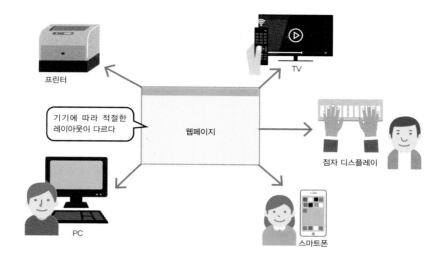

● **미디어 타입 지정**

미디어 타입을 지정할 때는 HTML에서는 link 요소의 media 속성, CSS에서는 @media 규칙을 사용합니다.

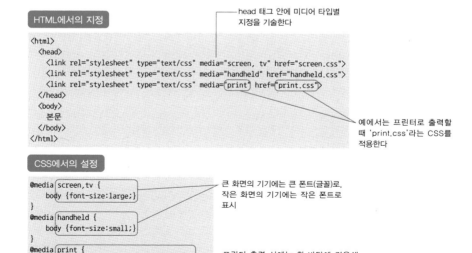

관련
용어   CSS _ p.88 / HTML _ p.82

4 _ 웹에 다양한 데이터 왔사

웹 검색 엔진?

웹에서 정보를 찾을 때 빼놓을 수 없는 것이 구글, 빙^{Bing}, 네이버와 같은 웹 검색 엔진입니다.

인터넷이 일반적으로 사용되게 된 1990년대 경에는 검색 엔진이 검색에 사용하기 위한 정보를 사람이 손으로 관리했습니다. 관리되는 정보는 PC에서의 디렉터리(폴더)와 같이 트리 구조로 되어 있었기 때문에 '웹 디렉터리'라 불리며, 이 정보를 찾는 검색 엔진을 '디렉터리형 검색 엔진'이라 불렀습니다.

인터넷이 폭발적으로 보급된 2000년경에는 사람의 손으로 관리하는 디렉터리형 검색 엔진이 정보의 업데이트를 따라가지 못하게 됐습니다. 대신 크롤러^{crawler}나 로봇^{robot}이라 불리는 프로그램이 자동적으로 웹 상의 정보를 수집하고, 해석한 결과를 검색에 사용하는 '로봇형 검색 엔진'이 주류가 됐습니다. 크롤러는 웹페이지의 링크를 차례로 방문함으로써 다른 웹페이지들을 수집하고, 수집한 웹페이지를 데이터베이스화합니다. 그리고 데이터 베이스에 등록된 웹페이지가 업데이트되거나 삭제되는 경우 데이터베이스 업데이트나 삭제를 수행해, 데이터베이스를 최신화합니다. 이 크롤러의 작동을 '크롤링'이라 부릅니다. 크롤링을 통해 수집된 웹페이지를 검색에 사용하려면 웹페이지의 내용을 해석해 어떤 정보가 포함되어 있는지 추출하고, 분석 가능한 형태의 데이터로 변환해야 합니다. 이 변환 작업은 '스크레이핑'이라 부르며, HTML로부터 요소를 추출할 위해서는 DOM이나 HTML 태그 내용을 추출하는 'HTML 파서'라는 프로그램을 사용합니다. 검색 엔진은 이렇게 만들어진 데이터와 사용자가 보낸 검색 문자열을 매칭시켜 웹 검색을 수행합니다.

매칭 결과를 어떻게 평가하고, 어떤 기준으로 검색 결과의 순위를 매길 것인가하는 부분이 검색 엔진의 특징이 가장 잘 드러나는 부분으로, 검색 엔진의 품질을 결정하는 부분이기도 합니다.

5

웹 애플리케이션
기본

웹을 통해서 사용하는 웹 애플리케이션의 등장으로 웹 수요는 한층 많아졌습니다. 이번 장에서는 그런 웹 애플리케이션을 이해하는 데 필요한 기본에 관해 설명합니다.

웹 애플리케이션의 3티어 구조

네트워크를 통해 웹브라우저에서 작동하는 애플리케이션을 웹 애플리케이션이라 부릅니다.

웹 애플리케이션은 기본적으로 3티어 구조(3티어 아키텍처)라 불리는 계층 구조로 되어 있습니다. 이 3계층이란 사용자 인터페이스가 되는 '프레젠테이션층', 업무를 처리하는 '애플리케이션층', 데이터를 처리하고 저장하는 '데이터층'입니다.

프레젠테이션층은 웹브라우저와 웹서버, 애플리케이션층은 애플리케이션 서버(AP 서버), 데이터층은 데이터베이스 서버(DB 서버)가 그 역할을 담당합니다. 여기에서 말하는 서버는 서버 프로그램을 가리킵니다. 클라이언트 사이드 스크립트는 프레젠테이션층, 서버 사이드 스크립트는 애플리케이션층에서 작동합니다.

● 부하 분산

층별로 나뉘어 있지 않은 애플리케이션이라면 반드시 단일 서버 기능으로 요청을 받고, 업무 처리, 데이터 처리를 실행하게 됩니다. 한편 3티어 아키텍처에서는 계층별로 작동시키는 서버 기능을 나눌 수 있습니다. 물론 단일 서버에 3계층의 모든 역할을 구현할 수도 있으며, 소규모 시스템에서는 그런 구조가 되기도 합니다.

그러나 복잡한 처리를 구현하면 애플리케이션 계층이나 데이터 계층의 부하가 높아지고, 접근 수가 많아지면 프레젠테이션 계층의 부하가 높아지므로 시스템 규모가 커질수록 일반적으로 각 층별로 서버 기기를 나누어서 구성합니다.

● 수정 범위 한정

애플리케이션 수정이 필요한 경우, 계층별로 나뉘어 있으므로 수정 범위가 작아지는 것이 장점입니다. 예를 들어, 데이터층을 수정하더라도, 애플리케이션층이나 프레젠테이션층에는 영향을 주지 않으므로 수정 비용을 억제할 수 있습니다.

● 웹 애플리케이션의 3티어 아키텍처

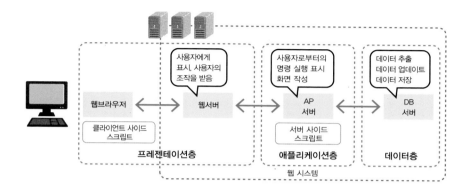

● 계층 구조에서는 부하를 분산하기 쉽다

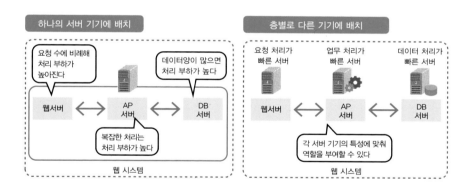

● 수정 영향 범위를 한정할 수 있다

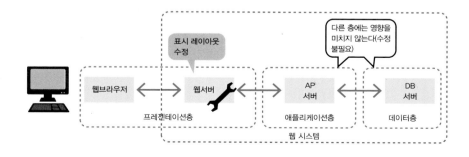

5_웹 애플리케이션 기본

관련 용어   웹서버 _ p.112 / 애플리케이션 서버 _ p.116 / 서버 구성 검토 _ p.170 / 데이터베이스 서버 _ p.118

02 MVC 모델

애플리케이션의 구조에 관한 사고방식에는 3층 아키텍처 외에 MVC 모델이 있습니다. MVC의 M은 'Model'로 애플리케이션이 다루는 데이터와 업무 처리를 나타냅니다. V는 'View'로 사용자에 대한 출력 처리를 나타냅니다. C는 'Controller'로 필요한 처리를 Model이나 View에 전달하는 역할을 담당합니다. 이 Model, View, Controller의 각 요소가 애플리케이션 내부에서 각각 독립되어 있고, 서로 연동해 애플리케이션의 처리를 수행하는 구조를 MVC 모델이라 부릅니다.

● 3티어 아키텍처와의 차이

애플리케이션이 내부에서 3가지 역할로 나뉘어 있어 3티어 아키텍처와 비슷해 보여 혼동하는 경우가 많지만, 근본적으로 다른 개념입니다.

3티어 아키텍처는 계층 구조로 맨 위층인 프레젠테이션층과 가장 아래층인 데이터 층 사이에 직접 데이터를 전달하지 않습니다. 한편 MVC 모델에서는 각 요소가 서로 데이터를 전달합니다. 그리고 웹 애플리케이션에서는 MVC 모델이 나타내는 범위는 3층 아키텍처의 애플리케이션층과 데이터층으로, 프레젠테이션층은 MVC 모델과 사용자 사이의 중개를 수행합니다.

● MVC 모델의 이점

애플리케이션을 MVC 모델 구조로 할 때의 이점은 개발과 수정의 분업이 용이하다는 점을 들 수 있습니다. 각 요소가 분리되어 있기 때문에 3티어 아키텍처와 마찬가지로 사양 변경이 다른 요소에 영향을 미치지 않으므로, 요소별로 개별적으로 개발을 수행할 수 있습니다. 최근의 웹 애플리케이션은 규모가 크고, 조금씩 기능이 추가되는 경우가 많습니다. 그렇기 때문에 수정이나 기능 추가가 쉽고, 분업을 통해 개발하기 쉬운 MVC 모델을 널리 사용합니다.

MVC 각각의 역할이 명확하게 나눠져 있으므로 표시를 변경할 때는 View, 처리를 변경할 때는 Model과 같이 수정 범위를 특정하기 쉽다는 것이 장점입니다. 플러스 1

● MVC 모델

MVC 모델에서는 데이터와 업무 처리에 관한 부분을 'Model', 결과를 사용자에게 출력하는 부분을 'View', 사용자의 명령을 받아 각 지시를 내리는 부분을 'Controller'라는 3개로 나누어 애플리케이션을 설계합니다.

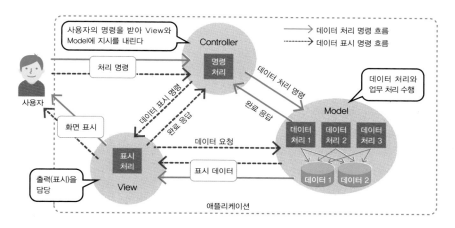

● 3티어 아키텍처와 MVC 모델의 관계

3층 아키텍처는 웹 시스템 전체의 설계 방침이며, MVC 모델은 서버 사이드 스크립트의 설계 방침이므로 대상 범위가 다릅니다.

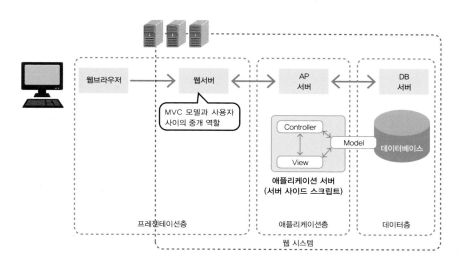

관련
용어 3층 아키텍처 _ p.106

03 프레임워크

프로그래밍 언어를 사용해 서버 사이드 스크립트 등의 프로그램을 개발할 때는 메인 처리가 되는 부분 외에 사용자가 보낸 데이터를 받는 처리, 데이터베이스와의 통신 처리 등 모든 처리를 구현해야 하기 때문에 많은 노력이 듭니다. 하지만, 실제로 웹 시스템에서의 프로그램 작동에는 공통된 흐름이 있습니다. 구체적으로는 클라이언트로부터 데이터를 받고, 데이터베이스로부터 데이터를 얻고, 데이터를 처리한 뒤, 데이터베이스에 데이터를 등록하고 결과를 화면에 표시하는 흐름이 됩니다.

여기에서 일반적인 처리 흐름을 '템플릿'으로 준비해 두고, 웹 애플리케이션별로 독자적인 내용을 개발자가 삽입해 프로그램을 개발할 수 있도록 한 것을 프레임워크^{Framework}라 부릅니다.

템플릿은 MVC 모델과 같은 특정한 패턴에서 만들어져 있어, 프레임워크를 사용한 개발에서는 해당 템플릿에 맞는 형태의 프로그램을 작성해야만 합니다. 하지만 프레임워크를 사용함으로써 프로그램 개발 노력을 절감할 수 있으며, 비교적 손쉽게 프로그램을 개발할 수 있습니다.

그리고 규모가 큰 시스템이 되면, 구성할 프로그램 그룹을 여러 사람이 분담해 개발하게 될 때가 많습니다. 이때 개발자의 역량에 따라 각 프로그램의 품질에 차이가 발생하기도 하는데, 프레임워크를 사용하면 미리 제공되는 템플릿에 맞춰 개발을 하게 되므로 개발자의 역량에 차이에 의한 품질 편차를 줄일 수 있다는 것 역시 장점입니다.

● 다양한 프레임워크

프레임워크는 개발 대상 프로그램의 종류에 따라 다양하게 개발되어 있습니다. 웹 애플리케이션 개발을 위한 프레임워크에는 Java를 기반으로 한 Java EE나 Struts 및 Spring Boot, PHP를 기반으로 한 Cake PHP, 루비를 기반으로 한 루비 온 레일즈^{Ruby on Rails} 등이 유명합니다.

그림과 작동 원리로 쉽게 이해하는 웹의 기초

● 프레임워크를 통한 웹 애플리케이션 개발

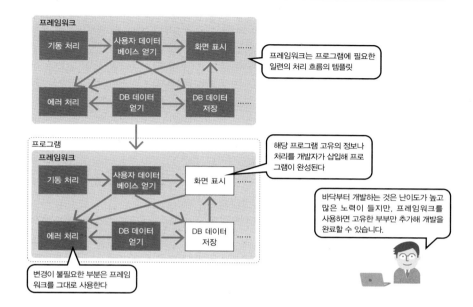

프레임워크는 프로그램에 필요한 일련의 처리 흐름의 템플릿

해당 프로그램 고유의 정보나 처리를 개발자가 삽입해 프로그램이 완성된다

바닥부터 개발하는 것은 난이도가 높고 많은 노력이 들지만, 프레임워크를 사용하면 고유한 부분만 추가해 개발을 완료할 수 있습니다.

변경이 불필요한 부분은 프레임워크를 그대로 사용한다

● 여러 사람이 함께하는 시스템 개발에서도 프레임워크를 활용한다

최근에는 일반적으로 여러 사람이 함께 개발하므로, 프레임워크는 특히 중요합니다.

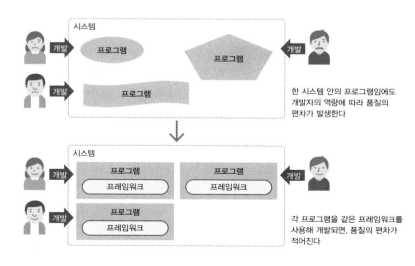

한 시스템 안의 프로그램임에도 개발자의 역량에 따라 품질의 편차가 발생한다

각 프로그램을 같은 프레임워크를 사용해 개발되면, 품질의 편차가 적어진다

관련 용어 MVC 모델 _ p.108 / 스크립트 언어 _ p.90

04 웹서버

웹서버는 웹 애플리케이션에서 웹 클라이언트에 대한 창구 역할을 담당하는 프로그램입니다. 웹 클라이언트로부터의 요청을 받아 정적 콘텐츠를 전송하거나, 동적 처리에 필요한 것이 있다면 서버 사이드 프로그램과 연동해 처리 결과로 만들어진 HTML 파일을 웹브라우저로 전송합니다. 창구 역할을 하므로 이 서버가 작동하지 않으면 서비스가 제공되지 않기 때문에, 요청을 송신한 웹 클라이언트에 '서비스가 현재 중단 중입니다'라는 알림도 보낼 수 없습니다. 그렇기 때문에 웹서버의 기기 수를 늘려서 1대당 부하를 줄임과 동시에, 1대가 고장 나더라도 다른 서버만으로 서비스를 계속할 수 있도록 일반적으로 '다중화' 구성을 합니다.

● 서버 기기의 성능 요구 사항

사용자가 많은 웹 애플리케이션일수록 요청량이 많기 때문에, 응답 처리의 속도가 요구됩니다. 구체적으로는 정적 페이지 요청이 많은 웹 애플리케이션이라면 정적 페이지를 읽기 위한 하드 디스크의 읽기 속도가 빠르고, 하드 디스크의 읽기를 지원하는 메모리 용량이 커야 합니다. 그리고 정적 페이지 요청이 많은 경우, 애플리케이션 서버로의 데이터 연동 처리 속도를 높이기 위해 CPU의 성능 또한 높아야 합니다.

● 정적 콘텐츠 전송

웹서버는 정적 콘텐츠를 전송하지만, 정적 콘텐츠는 반드시 웹서버와 같은 서버 기기에 저장할 필요는 없습니다. 다른 서버 기기에 있더라도 웹서버로부터 접근할 수 있다면 문제 없습니다. 하지만 다른 서버 기기상에 있다면 네트워크를 넘어 콘텐츠를 가져오는 데 많은 시간이 걸리게 됩니다. 같은 서버 기기상에서는 그런 문제가 없지만, 여러 대의 기기에서 웹서버가 작동할 때는 기기 사이에서 같은 콘텐츠를 갖도록 콘텐츠 동기화를 수행하는 방법도 고려해야 합니다.

가상 서버나 클라우드, 서버 임대 등을 통해 캠페인 기간 등 요청 수가 증가하는 특정 시기에만 웹서버를 늘릴 수도 있습니다. 플러스 1

● 웹서버의 역할

웹서버는 정적 페이지 데이터나, AP 서버로부터 전송된 동적 페이지 데이터를 웹 클라이언트에 전송합니다.

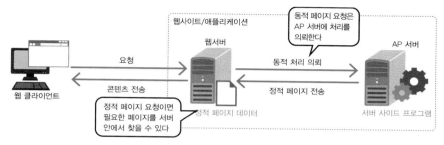

● 일반적으로 여러 대의 서버로 구성된다

클라이언트로부터의 대량의 접근을 처리하기 위해 웹서버를 여러 대 준비한 다중화 구성을 하는 것이 일반적입니다.

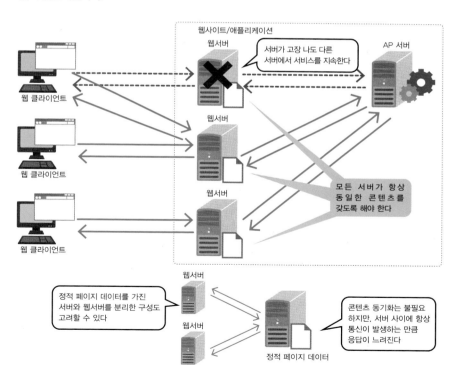

관련 HTML _ p.82 / 애플리케이션 서버 _ p.116 / 서버 구성 검토 _ p.170 / 디스크 구성 _ p.176 /
용어 로드 밸런서 _ p.170

05 웹 클라이언트

웹서버와 통신을 하면서 웹 시스템을 사용하기 위한 프로그램을 웹 클라이언트라 부릅니다. 기본적인 기능은 웹서버로 요청을 보내고, 웹서버로부터의 응답을 받아 그것을 해석하는 것입니다. 사용자가 웹 애플리케이션을 사용하기 위한 웹 클라이언트는 사용자의 조작을 웹서버로의 요청의 형태로 변환하거나, 웹서버의 응답을 사람이 알기 쉬운 형태로 바꾸어 표시하는 등 사용자와 웹서버와의 가교 역할을 하는 기능을 갖습니다.

● 웹브라우저

웹 애플리케이션을 사용하기 위한 웹 클라이언트로 가장 많이 사용되는 것은 웹브라우저입니다. 원래는 하이퍼텍스트 표시를 위한 프로그램이었지만, 클라이언트 사이드 스크립트 실행이나 쿠키 관리 등 많은 기능을 갖게 됨으로써 현재는 많은 웹 애플리케이션이 웹브라우저에서 실행됩니다.

● 클라이언트 프로그램

웹브라우저는 많은 웹 애플리케이션에 대한 범용적인 웹 클라이언트이지만, 웹브라우저로는 사용할 수 없거나 그 기능을 충분히 활용하지 못할 경우에는 전용 클라이언트 프로그램을 제공합니다. 대표적인 것에는 스마트폰용 페이스북이나 트위터 애플리케이션, 큰 게시판을 표시하기 위한 2채널 전용 브라우저 등이 있습니다. 이들은 웹브라우저와 달리 대응하는 웹 애플리케이션에 특화된 기능(표시 최적화, 로그인 정보 관리 등)을 갖고 있습니다. 피드 리더도 그런 프로그램의 하나입니다.

이런 프로그램은 일반적으로 전용 클라이언트, 전용 브라우저라 부릅니다. 그리고 PC용에는 데스크톱 애플리케이션, 스마트폰용에는 스마트폰 애플리케이션이 있습니다.

● 웹 클라이언트

웹 클라이언트는 웹서버로부터 보내진 HTTP 응답을 해석해 사용자가 알기 쉬운 형태로 표시하는 소프트웨어입니다. 웹브라우저가 대표적인 웹 클라이언트입니다.

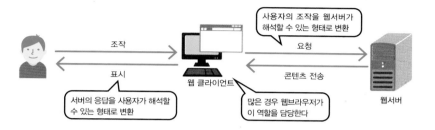

● 클라이언트 프로그램은 웹브라우저 이외에도 있다

대표적인 웹 클라이언트는 웹브라우저이지만 지도, 날씨, 뉴스 등 특정 정보에 특화한 전용 클라이언트도 있습니다. 특히 스마트폰에서는 다수의 전용 클라이언트가 공개되어 있습니다.

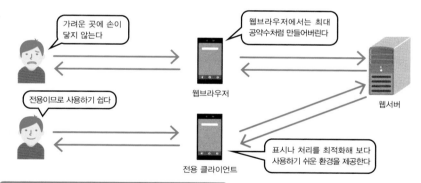

웹브라우저와 전용 애플리케이션으로 지도를 표시한 예

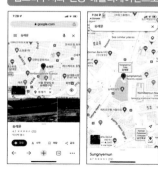

구글 Map의 웹브라우저 버전(왼쪽)과 애플리케이션 버전(오른쪽)에서 사용할 수 있는 기능은 거의 같다. 단, 전용 애플리케이션이 표시 범위가 넓고 작동도 부드러워 사용하기 쉽다.

관련 용어 애쿠키 _ p.74 / Web API _ p.126 / 웹 애플리케이션 _ p.106 / 클라이언트 스크립트 _ p.90

5 _ 웹 애플리케이션 기본

애플리케이션 서버(AP 서버)는 웹 애플리케이션의 핵심이 되는 업무를 처리하는 프로그램입니다. 구체적으로는 웹서버로부터 전송된 사용자로부터의 데이터를 받아, 서버 사이드 프로그램을 실행하는 것으로서 해당 데이터를 가공하거나, 데이터베이스 데이터를 검색/가공한 뒤, 웹서버에 응답을 반환합니다. 3층 아키텍처 중 애플리케이션층에 위치하고 프레젠테이션층 및 데이터층 양쪽과 통신을 하기 때문에, 3층 아키텍처에서 가장 많은 기능을 하는 서버라 할 수 있습니다.

기본적으로 기능이 많으며 업무 처리가 복잡해질수록 부하가 높아집니다. 그렇기 때문에 서버 기기에는 서버 사이드 스크립트를 작동시키기 위한 메모리 용량이나 CPU 성능이 중요합니다.

● 세션 관리 기능

HTTP는 기본적으로 한 번의 요청과 응답 이후 통신이 단절되는 스테이트리스 프로토콜입니다. 그렇기 때문에 HTTP만으로는 클라이언트가 현재 어떤 상태에 있는지 파악할 수 없습니다. 애플리케이션 서버는 클라이언트별로 발행한 ID(세션 ID$^{Session ID}$)를 통한 데이터에 포함시켜, 같은 클라이언트로부터의 통신을 하나의 세션^{Session}이라 불리는 단위로 판별하고, 각 클라이언트의 로그인 상황 등을 파악합니다. 클라이언트가 로그아웃한 경우에는 그 이후의 상태를 파악하지 않아도 되므로, 세션 ID는 파기됩니다. 따라서 클라이언트의 로그인에서 로그아웃까지의 일련의 통신을 하나의 세션이라고 생각하면 이해하기 쉬울 것입니다.

● 트랜잭션 관리 기능

세션 중 수행되는 일련의 작업의 최소 단위를 트랜잭션^{Transaction}이라 부릅니다. 트랜잭션 안에는 여러 처리가 포함되지만, HTTP 통신은 1 요청 / 1 응답으로 성립되므로 애플리케이션 서버는 각각 여러 통신을 하나의 트랜잭션으로 모아서 관리하는 기능을 갖습니다.

발행된 세션 ID가 악용되어 위장에 의한 피해를 받을 수 있으므로, 취급에 주의해야 합니다. 플러스
1

● **애플리케이션 서버의 역할**

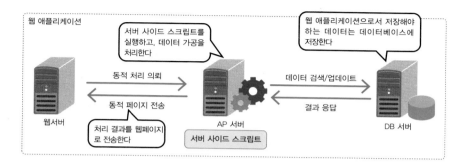

● **세션 관리**

로그인이 필요한 사이트 등에서 스테이트풀 처리를 수행할 때는 애플리케이션 서버가 세션 ID 발행하고 세션을 관리합니다.

● **트랜잭션 관리**

예약 절차와 같이 '모든 통신이 성공할 때까지 완료하지 않는' 처리는 하나의 요청/응답 단위가 아니라 트랜잭션 단위로 관리합니다.

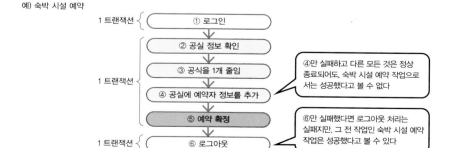

관련 용어   3층 아키텍처 _ p.106 / 애플리케이션 설계 _ p.180 / 서버 사이드 스크립트 _ p.90 / 세션 _ p.76

5 _ 웹 애플리케이션 기초

웹 애플리케이션 데이터를 축적한다

데이터베이스 관리 시스템

웹 애플리케이션에 축적된 데이터는 데이터베이스(DB)에 저장되며, 해당 데이터베이스를 관리하는 역할을 담당하는 것이 데이터베이스 관리 시스템DBMS: Database Management System입니다. 주로 애플리케이션 서버로부터의 데이터 검색이나 업데이트 명령을 받고, 그에 따라 데이터를 관리합니다. DBMS를 탑재한 서버 기기를 일반적으로 데이터베이스 서버(DB서버)라 부릅니다.

데이터 관리 역할은 단순하게 보이지만 데이터베이스 구조가 복잡해지고, 데이터양이 많아지면 데이터 검색 부하가 증가하므로 메모리나 CPU와 같은 서버 기기의 성능, 하드 디스크 읽기 속도 등이 중요해 집니다. 그리고 웹 애플리케이션에 따라 중요한 데이터를 다루기 위해, 데이터 소실에 대한 대책도 중요해 집니다.

● 다중화와 데이터 동기

데이터베이스에서 유지하는 데이터 보전은 매우 중요합니다. 그래서 기본적으로 DB 서버도 다중화 구성을 합니다. 하지만 데이터베이스는 웹 애플리케이션보다 빈번하게 업데이트되므로, 다중화하는 기기 사이에서 다루는 데이터의 내용을 얼마나 최신 상태로 동기화할 것인지가 중요합니다.

데이터베이스 다중화 방법에는 미러링, 복제, 셰어드 디스크가 있습니다. 미러링Mirroring은 데이터 업데이트 명령을 받은 DBMS가 여러 데이터베이스에 동시에 같은 업데이트를 수행함으로써 데이터베이스를 다중화하는 방법입니다. 복제Replication는 데이터 업데이트 명령을 받은 DBMS가 업데이트 내용을 다른 DBMS에 연동하고, 연동된 DBMS가 같은 내용의 업데이트를 자신이 관리하는 데이터베이스에 실시합니다. 미러링과 복제 모두 DB 서버와 데이터베이스 양측을 다중화합니다. 셰어드 디스크Shared Disk는 데이터베이스를 공용 기기(데이터 스토리지)에 갖고 있으며, 여러 DB 서버(DBMS)에서 이를 업데이트합니다. DB 서버만 다중화하는 것이므로 데이터베이스를 저장하는 기기의 내장애성이 뛰어나야 합니다.

그림과 작동 원리로 쉽게 이해하는 웹의 기초

금융 거래 정보처럼 중요한 정보들은 하나라도 소실되면 많은 사용자에게 막대한 손해를 입힐 수 있으므로 다   플러스
소 비용이 들더라도 내장애성을 가장 우선시합니다.   1

● 데이터베이스 다중화 구성

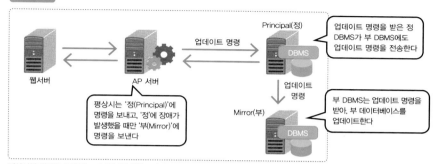

미러링

Principal(정)

업데이트 명령

DBMS

업데이트 명령을 받은 정 DBMS가 부 DBMS에도 업데이트 명령을 전송한다

웹서버   AP 서버

평상시는 '정(Principal)'에 명령을 보내고, '정'에 장애가 발생했을 때만 '부(Mirror)'에 명령을 보낸다

업데이트 명령

Mirror(부)

DBMS

부 DBMS는 업데이트 명령을 받아, 부 데이터베이스를 업데이트한다

평상시에 처리를 수행하는 기기를 '정계열' , 장애 시에 정계열로 바뀌어 처리를 수행하는 기기를 '부계열' 또는 '대기열'이라 부른다

복제

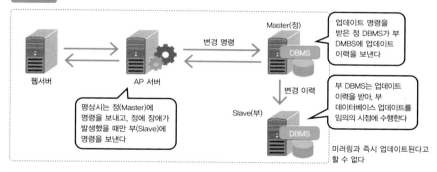

Master(정)

변경 명령

DBMS

업데이트 명령을 받은 정 DBMS가 부 DMBS에 업데이트 이력을 보낸다

웹서버   AP 서버

평상시는 정(Master)에 명령을 보내고, 정에 장애가 발생했을 때만 부(Slave)에 명령을 보낸다

변경 이력

Slave(부)

DBMS

부 DBMS는 업데이트 이력을 받아, 부 데이터베이스 업데이트를 임의의 시점에 수행한다

미러링과 즉시 업데이트된다고 할 수 없다

세어드 디스크

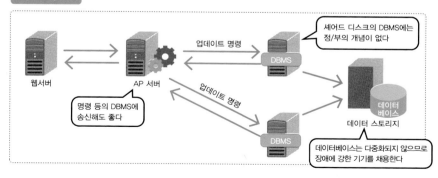

세어드 디스크의 DBMS에는 정/부의 개념이 없다

업데이트 명령

DBMS

웹서버   AP 서버

명령 등의 DBMS에 송신해도 좋다

업데이트 명령

데이터 베이스

데이터 스토리지

DBMS

데이터베이스는 다중화되지 않으므로 장애에 강한 기기를 채용한다

관련 용어 데이터베이스 설계 _ p.178 / 디스크 구성 _ p.176 / 백업 운용 _ p.182

5 _ 웹 애플리케이션 기본

정적 콘텐츠를 하드 디스크에서 읽거나 DBMS에서 검색하는 처리는 요청 수가 늘어남에 따라 서버의 부하가 커지고, 처리가 늦어져 응답 속도에 영향을 주게 됩니다. 하지만 업데이트가 적은 콘텐츠나 데이터인 경우 요청에 대한 응답을 기억해 두면 매번 콘텐츠를 읽거나 데이터를 검색할 필요가 없어 웹서버나 DBMS에 부하가 걸리지 않습니다. 이 '요청에 대한 응답을 기억해 둔다'는 역할을 실현하는 것이 '캐시 서버'라는 프로그램입니다.

'요청에 대한 응답의 기억'을 캐시라 부릅니다. 문서나 이미지, 동영상과 같은 콘텐츠의 캐시가 '콘텐츠 캐시', DBMS의 데이터 검색 요청(쿼리) 결과의 캐시가 '쿼리 캐시'입니다.

● 캐시 유효 기한

업데이트가 적다 하더라도 콘텐츠나 데이터 업데이트가 전혀 없는 웹 시스템은 거의 없습니다. 만약 같은 쿼리에 대해 캐시 서버가 항상 같은 내용으로 응답을 계속하게 되면, 콘텐츠나 데이터를 업데이트해도 사용자에게는 새로운 내용이 응답되지 않습니다. 그렇기 때문에, 캐시는 유효 기간을 설정해 두고, 일단 기억한 뒤 그 기간이 지나면 캐시 서버로부터 그 정보를 지우고, 다시 새로운 정보를 기억하도록 해 두어야 합니다.

● CDN(Contents Delivery Network)

콘텐츠 캐시 서버를 이용하면 이미지나 동영상 등의 크기가 큰 콘텐츠를 보다 빠르게 전송할 수 있습니다. 그래서 고안한 것이 CDN입니다. CDN은 세계 각지에 분산 배포된 캐시 서버의 집합체입니다. 미리 이미지나 동영상 등의 대용량 콘텐츠의 캐시를 웹서버로부터 얻어 두고, CDN 전체로 한 대의 콘텐츠 캐시 서버처럼 작동합니다.

CDN 최대 기업인 Akamai Technologies는 잘 알려져 있지는 않으나, 인터넷의 15 ~ 30%의 통신을 점유하고 있는 인터넷 최대 회사라 불리고 있습니다.

● **콘텐츠 캐시 서버**

정적 콘텐츠, 특히 동영상 같은 크기가 큰 콘텐츠 등 서버가 하드 디스크에서 읽는 데 시간이 걸립니다. 콘텐츠 캐시 서버가 그것을 대행함으로써 웹서버 부하를 줄일 수 있습니다.

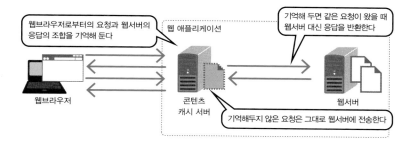

● **쿼리 캐시 서버**

데이터베이스로부터 복잡한 데이터 검색을 수행하는 것도 시간이 걸립니다. 쿼리 캐시 서버는 그 부담을 낮춥니다.

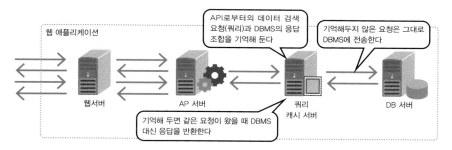

● **CDN**

CDN은 세계 각지에 설치된 콘텐츠 캐시 서버로 구성된 네트워크입니다. CDN 전체로 1대의 캐시 서버처럼 작동합니다.

관련 용어 웹 애플리케이션 _ p.106 / 웹서버 _ p.112 / 애플리케이션 서버 _ p.116 / 데이터베이스 서버 _ p.118 / 부하 분산 _ p.174

09 Ajax

● 동기 통신

최근까지는 동적 사이트에서는 웹브라우저가 요청을 보내고, 웹서버가 작성한 HTML 파일을 응답으로 반환하고, 웹브라우저가 그것을 받아 표시함으로써 콘텐츠 내용을 바꾸었습니다. 이렇게 클라이언트와 서버가 상호 처리를 수행하고, 동기화되어 통신하는 것을 동기 통신Synchronous communication이라 부릅니다. 동기 통신에서는 서버가 처리를 수행하는 동안 클라이언트는 대기해야 하며, HTML 파일을 받은 뒤 표시 처리를 수행하기 때문에 전체적으로 페이지 업데이트에 시간이 걸립니다. 그리고 송신하는 데이터가 많아지기 쉬워 서버에 부담을 주게 됩니다.

● Ajax(Asynchronous JavaScript + XML)

동기 통신의 결점을 보완하기 위해 등장한 것이 Ajax라는 기술입니다. Ajax에서는 웹브라우저상에서 클라이언트 사이드 스크립트로서 작동하는 자바스크립트가 직접 웹서버와 통신을 수행하고, 얻은 데이터를 사용해 표시할 HTML을 업데이트합니다. 데이터 통신에는 XML을 사용하며, 자바스크립트는 DOM을 사용해 XML이나 HTML을 조작합니다. HTML 자체를 전달하는 것이 아니라 업데이트에 필요한 데이터만 전달하기 때문에 송신할 데이터양은 동기 통신의 경우보다 작아 서버에 대한 부담이 줄어듭니다.

또한, Ajax에서는 웹브라우저 대신 웹브라우저상에서 작동하는 자바스크립트가 통신을 수행하므로 자바스크립트 기능을 사용해 비동기 통신Asynchronous communication을 할 수 있습니다. 구체적으로는 웹서버로부터의 응답을 기다리는 동안에도 클라이언트 사이드인 자바스크립트가 응답에 좌우되지 않는 위치의 HTML을 업데이트하거나 사용자로부터의 입력을 받을 수 있습니다. 비동기 통신을 활용함으로써 응답 대기 시간을 유효하게 활용할 수 있어, 페이지 업데이트가 보다 빨라집니다.

Ajax는 구글 검색의 제안 기능(사용자의 입력 중에 검색 후보를 표시시키는 기능)이나 구글 지도에서 지도를 표시하는 부분 등에 사용되고 있습니다.

Ajax는 웹브라우저상에서 전용 애플리케이션이 작동하는 것과 같은 것으로, 데스크톱 애플리케이션이나 스마트폰 애플리케이션과 웹브라우저의 친구 같은 존재입니다.

플러스 1

● 동기 통신은 응답 대기가 발생한다

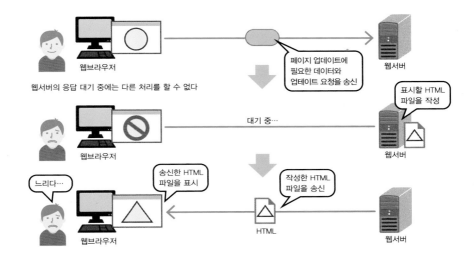

● Ajax(비동기 통신)는 통신 중에도 사용자를 기다리지 않게 한다

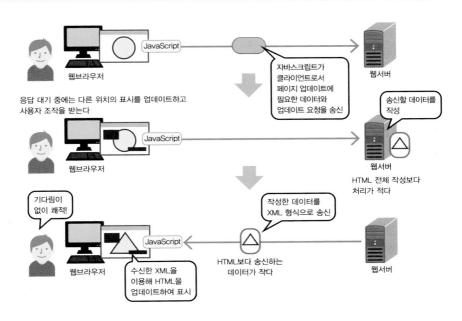

관련 용어   DOM _ p.92 / 자바스크립트 _ p.90 / 웹서버 _ p.112 / XML _ p.86

클라이언트 사이드와 서버 사이드로 나뉜다

웹 프로그래밍

프로그래밍 언어를 사용해 웹 애플리케이션을 개발하는 것을 웹 프로그래밍이라 부릅니다. 웹 프로그래밍은 그 대상이 서버 사이드 스크립트와 클라이언트 사이드 스크립트의 두 종류라는 특징을 갖습니다. 서버 사이드 스크립트와 클라이언트 사이드 스크립트에서는 사용되는 스크립트 언어의 종류와 사용되는 기술, 설계 사상이 각각 다르기 때문에 프로그래머에게 풍부한 지식이 필요합니다. 그러나 프레임워크가 정비됨에 따라 최근에는 웹 프로그래밍의 난이도는 크게 내려갔습니다.

● 서버 사이드 프로그래밍

서버 사이드 스크립트는 많은 클라이언트의 요청을 빠르게 처리해야 하기 때문에 효율적인 순서로 처리를 수행하는 것이나 서버 메모리를 불필요하게 낭비하지 않는 것이 요구됩니다. 그리고 데이터베이스와의 통신도 많으므로 DBMS 및 질의 언어인 SQL의 지식이 필요합니다.

또한 고객 개인 정보를 다루는 등의 웹 애플리케이션이라면 보안을 의식한 프로그래밍 기술도 필요합니다.

● 클라이언트 사이드 프로그래밍

웹 애플리케이션에서 클라이언트는 주로 웹브라우저가 됩니다. 웹브라우저는 크롬, 에지, 파이어폭스 등 그 종류가 다양하며 각 브라우저는 조금씩 다르게 작동합니다.

클라이언트 사이드 스크립트로 보면 원래는 소규모의 자바스크립트의 프로그램에서 표시를 정리하거나, 창을 표시하는 정도의 것이었습니다. 하지만 현재는 Ajax와 같은 복잡한 처리를 수행하는 것도 늘어나 프로그래밍 규모는 점점 커졌습니다. 그리고 전용 클라이언트 개발도 클라이언트 사이드의 프로그래밍에 해당합니다.

● 웹 프로그래밍 대상

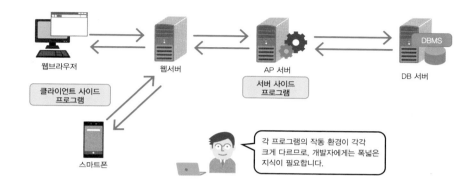

웹브라우저

클라이언트 사이드
프로그램

스마트폰

웹서버

AP 서버

서버 사이드
프로그램

DBMS

DB 서버

각 프로그램의 작동 환경이 각각
크게 다르므로, 개발자에게는 폭넓은
지식이 필요합니다.

● 서버 사이드 프로그래밍

요구되는 것

· 요청의 빠른 처리
· 효율적인 DB 처리
· 보안의 정도

대량의 요청 처리

데이터베이스의 원활한 통신

기밀성이 높은 데이터

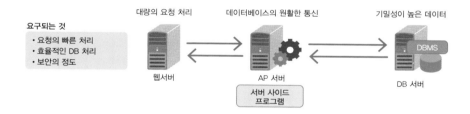

웹서버

AP 서버

서버 사이드
프로그램

DBMS

DB 서버

● 클라이언트 사이드 프로그래밍

요구되는 것

· 브라우저별 작동의 차이를 흡수
· Ajax라면 비동기 처리 구현

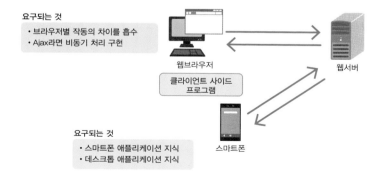

웹브라우저

클라이언트 사이드
프로그램

웹서버

요구되는 것

· 스마트폰 애플리케이션 지식
· 데스크톱 애플리케이션 지식

스마트폰

관련
용어   Ajax _ p.122 / DBMS _ p.118 / 자바스크립트 _ p.90 / 클라이언트 사이드 스크립트 _ p.26 /
서버 사이드 스크립트 _ p.26

11

프로그램이 서비스를 사용하는 창구

Web API

웹의 '클라이언트가 데이터를 송신하고, 서버로부터 데이터를 수신한다'는 작동을 사용해 웹을 통해 사용자가 아니라 프로그램이 직접 서비스를 사용하기 위한 창구가 웹 API^{Application} Program Interface입니다. 클라이언트가 되는 프로그램이 웹 API에 웹을 경유해 데이터를 송신함으로써 데이터를 받아 웹서버가 데이터를 처리하고, 다시 웹을 경유해 클라이언트에 처리 결과를 데이터를 보냅니다. HTML과 같은 문서가 아니라 XML 같은 구조화된 데이터가 되돌아오므로 프로그램 입장에서는 수신 데이터를 처리하기 쉽습니다.

구체적인 웹 API의 예로 다음을 들 수 있습니다.

- 위도, 경도 등의 위치 정보를 송신하면 대응하는 장소의 일기 예보를 반환하는 일기 예보 API
- 문구를 송신하면 웹 검색 결과를 반환하는 웹 검색 API
- 로그인 정보와 문장을 송신하면 트위터에 해당 문장을 게시하는 트위터 게시 API

이들을 사용하면 포털 사이트에 지역 정보를 등록해 두면, 포털 사이트의 프로그램이 자동으로 일기 예보 API를 사용해 포털 사이트상에 등록한 지역의 일기 예보를 표시한다' 같은 처리나 '뉴스 사이트에 트위터의 로그인 정보를 등록하고 원하는 뉴스에서 트위터 게시 버튼을 누르면, 해당 뉴스가 그대로 트위터에 게시된다' 같은 처리를 할 수 있습니다.

● 프로그램 사이의 데이터 통신

웹 API와의 데이터 전달 방법에는 다양한 방식이 있습니다. 주로 널리 사용되는 것으로는 XML-RPC, SOAP, REST가 있습니다. **XML-RPC**는 XML을 송신해 처리 실행을 요청하는 프로토콜로, 수신 데이터 형식에도 XML을 사용합니다. **SOAP**는 XML-RPC의 기능을 확장한 것입니다. 많은 기능을 갖고 있으며 2000년대 초까지는 폭넓게 사용됐지만, 사양이 복잡해 최근에는 사용이 줄어들었습니다. REST는 1장의 10절에서도 설명했지만, 프로토콜이 아닌 설계 사상입니다. 심플한 설계이며 동시에 데이터 형식에 XML뿐만 아니라 JSON과 같은 경량의 데이터도 사용할 수 있어 SOAP을 대신해 현재 주류로 사용되고 있습니다.

그림과 작동 원리로 쉽게 이해하는 웹의 기초

● Web API

웹 API는 애플리케이션이 웹서버의 기능을 사용하기 위한 인터페이스입니다. 사용자가 웹브라우저로부터 조작을 하지 않아도 애플리케이션이 직접 웹서비스를 사용할 수 있습니다.

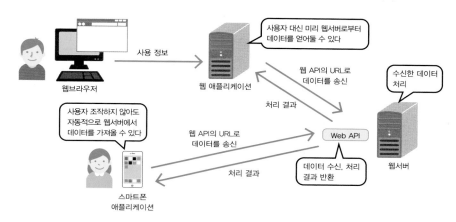

● 일기 예보 서비스의 예…

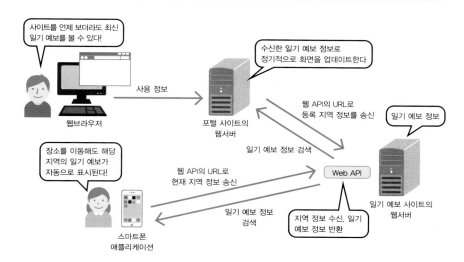

관련
용어 JSON _ p.94 / RESTful _ p.30 / XML _ p.86 / 매시업 _ p.128

5 _ 웹 애플리케이션 기본

12 매시업

앞 절에서 본 것처럼 웹 API를 사용함으로써 사용자를 거치지 않고 프로그램이 직접 웹서비스를 사용할 수 있게 됐습니다. 그리고 프로그램이 여러 웹서비스를 사용해, 각 처리 결과들을 조합함으로써 다른 서비스를 제공할 수 있게 됐습니다. 이처럼 여러 웹서비스를 조합해 새로운 웹서비스를 만드는 것을 매시업Mashup이라 부릅니다.

예를 들어, 위치 정보에서 얻은 지도 정보와 일기 예보 정보를 사용해 그날에 입을 옷을 추천하는 서비스, 위치 정보로부터 얻은 특판 정보와 레시피 정보를 사용해 그날의 메뉴를 제안하는 서비스 등을 생각할 수 있습니다.

● 각 서비스의 강점을 사용한다

매시업에서 자주 사용되는 서비스가 구글 지도 등의 지도 정보와 아마존 등의 제품 정보입니다. 이 정보들은 각 사가 오랜 기간 동안 축적한 것으로, 직접 준비하려면 말도 안 되는 시간이 걸립니다. 하지만, 각 사가 웹 API를 공개하고 있어 이 정보들에 간단하게 접속해 사용할 수 있게 됐습니다. 이렇게 직접 준비하기 어려운 정보를 사용하는 창구를 정리함으로써 매시업이 발전하게 됐습니다.

● 매시업 사용 시 주의점

매시업은 각 서비스로부터 좋은 점을 모아 서비스를 만들 수 있습니다. 하지만 각 서비스의 웹 API 공개 범위나 사양에 관해서는 서비스를 제공하는 각 기업의 판단에 의존합니다. 즉, 매시업을 통해 편리한 새로운 서비스를 만든다 하더라도, 근간이 되는 서비스가 웹 API의 공개를 종료하면 그 신규 서비스를 유지할 수 없습니다. 그리고 웹 API의 사양이 변경되면 그에 맞춰 서비스를 수정해야 합니다. 이처럼 매시업으로 만든 서비스는 독립된 것이 아니라, 기반이 되는 서비스 위에서 성립하다는 점을 의식해야 합니다.

● 일반적인 사용 방법

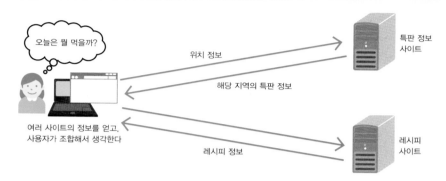

● 매시업으로 새로운 서비스를 만든다

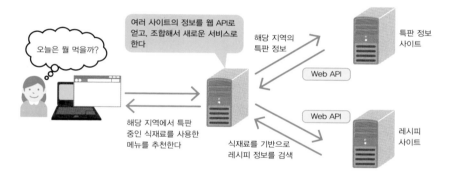

● 매시업의 주의점

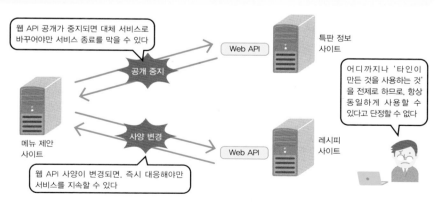

5 _ 웹 애플리케이션 기본

13 CGI

웹서버가 클라이언트로부터의 요청에 대해 서버 사이드 스크립트를 기동하기 위한 구조가 CGI입니다. 보통 웹서버는 클라이언트로부터의 요청을 받으면 대응하는 콘텐츠를 반환하지만, 미리 CGI용 프로그램(CGI 프로그램)으로 정의된 콘텐츠에 관해서는 그대로 클라이언트에 반환하지 않고 그것을 웹서버상에서 실행한 결과를 반환합니다.

CGI 프로그램에 사용되는 언어는 웹서버상에서 실행 가능한 것은 무엇이든 관계 없습니다. 그리고 AP 서버를 준비하지 않고도 웹서버에서 서버 사이드 스크립트를 실행할 수 있으므로, 소규모의 동적 페이지를 작성하는 데 많이 사용됩니다.

● 데이터 전달 방법

클라이언트가 CGI 위치(URL)에 접근하면 대상 프로그램이 기동됩니다. 이 접근 시, 클라이언트로부터 데이터를 송신할 수 있습니다. 데이터 송신 방법에는 몇 가지가 있습니다.

데이터를 CGI 프로그램에 직접 전달하는 방법은 '커맨드라인 인수 전달'입니다. 'http://example.com/program.cgi?데이터1+데이터2'와 같이 URL 끝에 '?'를 붙이고, 그 뒤에 데이터를 '+'로 구분해서 나열합니다. 이 방법에는 웹서버가 CGI 프로그램을 실행할 때 데이터를 CGI에 전달합니다.

데이터를 요청 URL의 계층 구조에 포함해서 전달하는 방법은 '경로 전달'입니다. 'http://example.com/program.cgi/데이터1/데이터2'와 같이 CGI의 위치를 나타내는 URL 뒤에 데이터를 '/'로 구분해서 나열합니다. 이 방법에는 데이터가 'PATH_INFO'라는 변수에 저장되므로, CGI 프로그램이 기동 후 그것에서 변수를 꺼냅니다.

HTTP의 GET 메서드, POST 메서드로 데이터를 전달할 수도 있습니다. GET 메서드에서는 'http://example.com/program.cgi/?데이터명1=데이터1&데이터명2=데이터2'와 같이 URL 끝에 데이터를 추가하며, 이 데이터는 'QUERY_STRING'이라는 변수에 저장됩니다. POST 메서드에서는 요청으로 URL과는 다른 데이터를 보냅니다.

● CGI가 서버 사이드 스크립트를 실행하는 구조

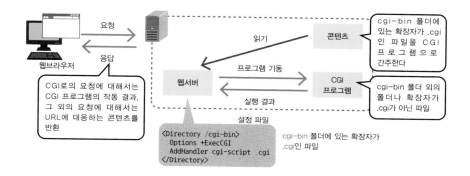

● CGI로의 데이터 전달 방법

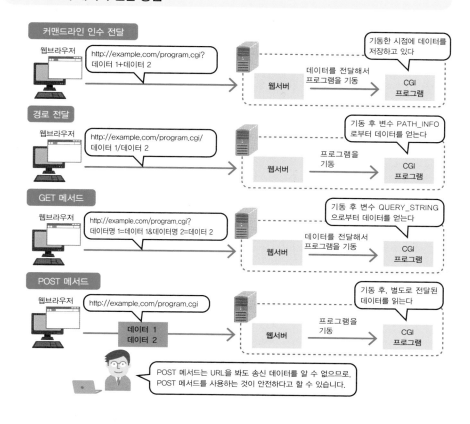

관련
용어 HTTP 메서드 _ p.54 / HTTP 요청 _ p.52 / URL _ p.42 / 서버 사이드 스크립트 _ p.26

14 서버 간 연동

CGI를 사용하지 않고 서버 사이드 스크립트를 작동시킬 때는 웹서버가 AP 서버에 데이터 처리를 의뢰하고, AP 서버가 서버 사이드 스크립트를 작동시키는 흐름을 갖게 됩니다. 이 서버 간 연동은 웹브라우저와 웹서버와의 연동과 거의 동일하게 네트워크 통신을 통해 이루어집니다. 이때는 웹서버가 클라이언트, AP 서버가 서버인 관계가 됩니다. AP 서버와 DBMS 사이의 연동도 마찬가지입니다.

● 서버 사이의 통신

서버 사이의 통신에서도 요청을 송신하는 측이 클라이언트, 응답을 반환하는 측이 서버가 되며 IP 주소와 포트 번호를 지정해서 TCP/IP 통신이 수행됩니다. AP 서버나 DBMS에도 미리 포트 번호가 할당되어 있으며, 클라이언트는 해당 포트 번호를 지정하게 됩니다. 통신하는 서버가 다른 서버 기기에서 기동했을 때는, 해당 서버 기능에 할당된 IP 주소를 지정해서 통신합니다. 같은 서버 기기에서 기동했을 때는 해당 서버 기기에 할당된 IP 주소 또는 직접 기동한 서버 기기를 나타내는 특수한 IP 주소인 '127.0.0.1'을 지정해서 통신합니다.

● 사용하는 프로토콜

웹서버에서 HTTP와 같이 AP 서버와 DBMS에서도 각각 사용하는 프로토콜이 결정되어 있습니다. 단, HTTP처럼 'AP 서버라면 종류에 관계없이 이 프로토콜을 사용한다' 같은 형태는 아닙니다. AP 서버에서는 해당 종류에 따라 HTTP 이외에 AJP나 WebSocket이라는 프로토콜이 사용되고 있으며, 웹서버는 이 중 하나를 선택해 AP 서버와 통신합니다. 그리고 DBMS는 각각 독자 프로토콜을 채용하고 있으며, 각 AP 서버가 그 모든 것에 대응하기는 어렵기 때문에 AP 서버와 DBMS 사이에서 통신을 수행하기 위해 ODBC^{Open Database Connectivity}라는 API가 개발되어 있습니다.

그림과 작동 원리로 쉽게 이해하는 웹의 기초

자신이 기동하고 있는 서버 기기를 나타내는 방법으로 'localhost.localdomain'이라는 특수한 도메인명도 제공됩니다.

플러스 1

● 서버 간 연동

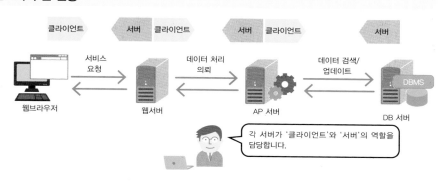

● 서버 간 연결 시 포트 번호와 IP 주소

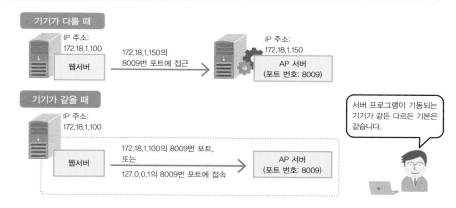

● 서버 간 연동 시 사용하는 프로토콜

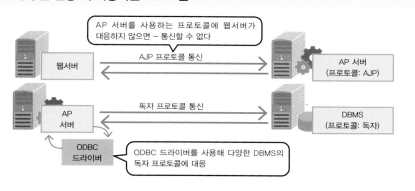

5 _ 웹 애플리케이션 기본

관련
용어   DBMS _ p.118 / 프로토콜 _ p.36 / 포트 번호 _ p.40

클라이언트 프로그램과 웹서버

스마트폰 애플리케이션으로 대표되는 웹서버와 연동해 작동하는 클라이언트 프로그램이지만, 웹서버와 연동 방법에 따라 웹뷰 애플리케이션과 네이티브 애플리케이션의 두 가지로 분류할 수 있습니다. 웹뷰 애플리케이션이란 애플리케이션 안에서 WebView라 불리는 브라우저 기능을 호출하고, 거기에서 웹서버의 콘텐츠를 표시하는 애플리케이션입니다. 즉, 웹뷰 애플리케이션에서는 웹서버가 대부분의 처리를 수행하고, 애플리케이션 측에서는 웹서버가 생성한 콘텐츠를 표시할 뿐입니다. 이에 비해 네이티브 애플리케이션은 화면 생성과 표시 등의 처리를 애플리케이션 안에서 수행하고, 데이터만 웹서버로부터 API를 통해 JSON 등으로 얻습니다.

웹 뷰 애플리케이션, 네이티브 애플리케이션 모두 각각 장단점이 있습니다. 먼저 웹뷰 애플리케이션은 웹브라우저와의 통신을 전제로 한 웹서버의 프로그램을 활용하기 쉽다는 것이 장점입니다. 콘텐츠 생성 처리를 웹브라우저용을 함께 사용하고, 표시 부분만 스마트폰에 최적화하는 것만으로 애플리케이션을 만들 수 있습니다. 그리고 iOS, 안드로이드Android 등 여러 OS에 애플리케이션을 제공하는 경우에도 각 OS들로부터 웹뷰를 호출하는 부분만 개발하면 됩니다. 한편 네이티브 애플리케이션의 경우에는 웹뷰의 제약에 얽매이지 않고 자유롭게 표시나 조작 방법을 설정할 수 있어, 스마트폰의 기능과 조작성을 활용해서 만들기 쉽습니다. 그만큼 iOS, 안드로이드 등 여러 OS에 제공하는 경우 개발량이 많고 비용이 높아지기 쉽습니다.

사실 완전한 네이티브 애플리케이션, 웹뷰 애플리케이션으로 나누는 것이 아니라 기능별로 웹뷰를 사용하거나 네이티브로 만드는 등 하이브리드 구성이 되는 것이 대부분입니다. 현재는 네이티브 애플리케이션이 주류이나 웹뷰로의 기능 추가나 자바스크립트의 고도화 등으로 인해 웹 뷰 애플리케이션에서도 손색이 없는 것을 만들 수 있게 되어가고 있습니다. 이후의 모바일 애플리케이션 제작 방법의 동향을 주시해봐야 합니다.

6

웹 보안과 인증

웹의 편리함이 늘어나고 많은 사람이 사용하면서 이를 악용하려는 사람들도 늘어나고 있습니다. 어떻게 악용되는지, 악용을 방지하기 위한 대책에는 어떤 것이 있는가에 관해 설명합니다.

보안을 이해하기 위한 기본 용어를 익힌다

웹 시스템 보안

웹 시스템은 나날이 발달하고, 새로운 기능이 추가되어 편리해지고 있습니다. 그러나 한편으로 그 편리한 기능을 악용해 웹 시스템상의 기밀 정보를 빼내거나, 웹 시스템이 작동하지 않게 하는 등, 악의를 가진 사용자들로 인해 공격을 받을 가능성도 늘어나고 있습니다. 그렇기 때문에 웹 시스템 운영에 있어 보안 대책이 필요합니다.

● 정보 보안의 3요소

정보 보안이란 정보의 기밀성^{Confidentiality}, 완전성^{Integrity}, 가용성^{Availability}을 유지하는 것이라 정의되어 있습니다. 이 세 가지를 정보 보안의 3요소라 부릅니다.

기밀성이란 접근을 인정받은 대상자만 해당 권한에 접근할 수 있는 상태를 확보하는 것, 즉, 관계없는 대상자에게 정보를 보여주지 않는 것을 의미합니다. 완전성이란 정보가 파괴, 조작, 삭제되지 않은 상태를 확보하는 것을 의미합니다. 가용성이란 필요할 때는 언제든 정보에 접근할 수 있는 상태를 확보하는 것을 의미합니다.

● 리스크, 위협, 취약성

정보 보안을 유지하지 못해 무언가의 손실이 발생할 가능성을 '리스크'라 부릅니다. 리스크를 현실화하는 원인을 '위협'이라 하고, 위협에 대한 약한 정도를 '취약성'이라 부릅니다.

예를 들어, 기밀 정보를 가진 시스템에 있을 때, 해당 시스템에 있어서는 기밀 정보로의 부정 접근이 위협이 됩니다. 그리고 부정 접근을 허용해버리는 버그가 있다면, 그것이 시스템의 취약성이 됩니다. 이때는 취약성이 된 버그가 부정 접근에 사용되어 기밀 정보가 유출되는 등의 손해가 발생할 리스크가 있다고 할 수 있습니다. 실제로 부정 접근을 받아 손실이 현실화되는 것을 '리스크가 표면화된다'고 말합니다.

정보 보안을 유지하려면 위협이나 취약성을 도출하고, 리스크 표면화를 방지하기 위한 대책을 수행해야 합니다. 모든 위협과 취약성에 대한 대책을 수행하기는 어렵기 때문에, 일반적으로는 리스크에 따른 손실의 정도를 산출하고, 그에 따라 우선 순위를 결정한 뒤 대책을 수행합니다.

그림과 작동 원리로 쉽게 이해하는 웹의 기초

리스크에 대한 대책에는 위협 발생 가능성을 낮추는 '절감', 리스크를 수용하는 '보유', 리스크 발생 가능성을 없애는 '회피', 보험 등을 통해 다른 사람에게 리스크를 넘기는 '전이'가 있습니다.

● 정보 보안의 3요소

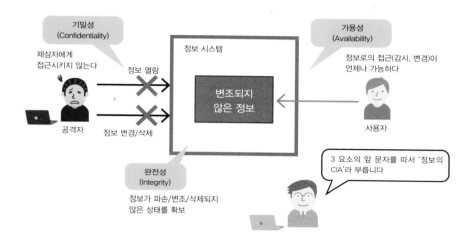

기밀성
(Confidentiality)

제삼자에게
접근시키지 않는다

정보 열람

정보 시스템

변조되지
않은 정보

가용성
(Availability)

정보로의 접근(감시, 변경)이
언제나 가능하다

공격자

정보 변경/삭제

사용자

완전성
(Integrity)

정보가 파손/변조/삭제되지
않은 상태를 확보

3 요소의 앞 문자를 따서 '정보의
CIA'라 부릅니다

● 리스크, 위협, 취약성

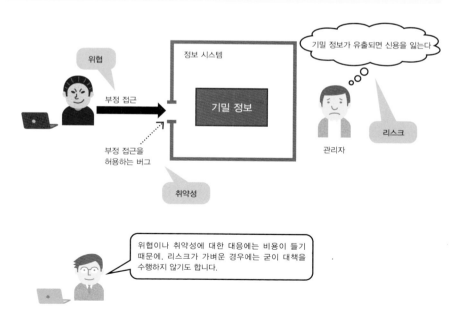

위협

정보 시스템

부정 접근

기밀 정보

기밀 정보가 유출되면 신용을 잃는다

부정 접근을
허용하는 버그

리스크

관리자

취약성

위협이나 취약성에 대한 대응에는 비용이 들기
때문에, 리스크가 가벼운 경우에는 굳이 대책을
수행하지 않기도 합니다.

02 비밀번호 해킹, DoS 공격

회원제 사이트 같은 개인 정보를 저장하고 있는 웹 시스템이 개인 정보를 목적으로 한 공격의 표적이 되거나, 관공서의 웹사이트가 정치적 사상을 가진 단체에 의해 서비스가 정지 상태에 빠지는 공격을 받는 등 웹 시스템은 사이버 공격의 위험에 처해있습니다.

● 비밀번호 해킹

개인 정보를 노리고 ID와 비밀번호를 사용한 인증을 수행하는 회원제 사이트로부터 사용자의 비밀번호를 유출하려는 공격을 비밀번호 해킹이라 부릅니다.

비밀번호를 유출하기 위해 사용되는 주요 방법은 사전 공격Dictionary Attack과 무차별 대입 공격Brute Force Attack입니다. 사전 공격은 자주 비밀번호에 사용되는 단어(password, 123456 등)를 모은 파일(사전)을 준비하고, 각각을 사용해 로그인을 차례로 시도함으로써 비밀번호를 맞추는 공격입니다. 그리고 무차별 대입 공격은 비밀번호에 사용되는 문자의 모든 조합을 시도하는 방법입니다.

간단하고 짧은 비밀번호는 양쪽 방법 모두에 취약하기 때문에 회원제 웹사이트를 구축할 때는 비밀번호의 길이를 지정하거나 암호화를 필수로 하는 등, 사용자가 간단한 비밀번호를 설정하지 못하도록 만드는 것이 효과적입니다.

● DoS 공격

단시간에 서버가 처리할 수 없을 만큼 대량의 접근을 수행함으로써 서비스 정지에 빠뜨리는 공격을 DoSDenial of Service 공격이라 부릅니다.

웹서비스에 대해서는 'SYN Flood 공격'과 'F5 공격'이 주요한 방법으로 사용됩니다. SYN Flood 공격은 TCP 통신에서 SYN 패킷만 대량으로 전송해, 서버를 연결 대기 상대로 만들어 다른 사용자로부터의 새로운 연결을 확립할 수 없도록 하는 공격입니다. F5 공격은 반복 접근을 계속해, 요청에 대해 응답할 수 없는 수준까지 웹서버의 부하를 높이는 공격입니다.

DoS 공격 대책에는 부자연스러운 접근의 증가를 감지하고, 송신지 IP 주소로부터의 접근을 빠르게 차단하는 것이 있습니다.

하나의 클라이언트가 아닌 많은 클라이언트로부터 일제히 DoS 공격을 시도하기 때문에 대책을 세우기 어려운 DDoS(Distributed DoS) 공격도 있습니다.

플러스 1

● 비밀번호 해킹

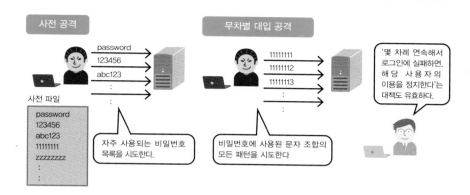

● DoS 공격

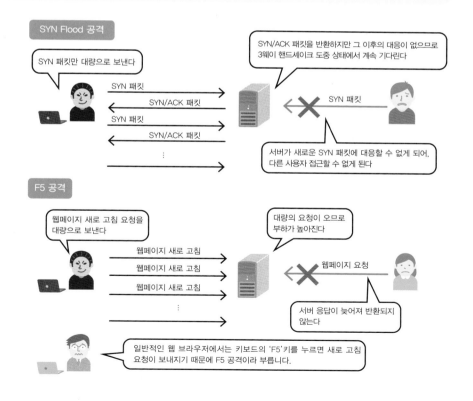

웹 시스템의 특징을 사용한 공격

앞 절에서 소개한 공격은 메일 시스템 등 웹 시스템 이외를 대상으로도 사용되는 공격입니다. 이번 절에서는 웹 시스템이 가진 특징을 사용한 공격을 소개합니다.

● 세션 하이잭

로그인 후 사용하는 웹 시스템에서는 쿠키나 세션 ID를 사용해, 접근한 사용자가 로그인했는지 판단합니다. 그렇기 때문에 무언가의 방법으로 제삼자가 쿠키의 내용이나 세션 ID를 얻을 수 있다면, 사용자 ID나 비밀번호를 알지 못해도 그 정보를 사용해 로그인한 사용자처럼 해당 시스템을 사용할 수 있게 되어, 손쉽게 개인 정보를 얻을 수 있습니다. 이것이 세션 하이잭Session Hijack입니다.

쿠키나 세션 ID를 얻는 방법으로는 네트워크의 도청이나 다음 절에서 설명할 웹 애플리케이션의 취약성을 이용하는 방법 등, 여러 가지 방법을 생각할 수 있습니다. 이런 공격을 방지하려면 도청되더라도 정보를 읽을 수 없도록 통신을 암호화하거나, 로그인한 사용자가 갑자기 다른 IP 주소에서 접근하는 경우 강제로 로그아웃시키는 구조를 만들어 두는 것이 효과적입니다.

● 디렉터리 순회

웹서버의 특징으로서 URL로 웹서버의 디렉터리명을 지정해 파일에 접근할 수 있는 것이 있습니다. URL로 파일을 지정할 때는 디렉터리명과 파일명을 직접 지정하는 방법 외에 '현재 계층'과 '현재의 바로 상위 계층'을 지정할 수 있습니다. 이 지정 방법을 활용해 웹에서 공개되어 있지 않은 디렉터리에 접근함으로써 웹서버 자체의 로그인 비밀번호를 얻어, 웹서버에 부정하게 로그인하는 등의 공격으로 연결하는 것이 디렉터리 순회Directory Traversal입니다.

이 공격은 요청에 포함된 URL을 체크해 공개되지 않은 파일이 지정되지 않았는지 확인함으로써 방지할 수 있습니다.

● 세션 하이잭

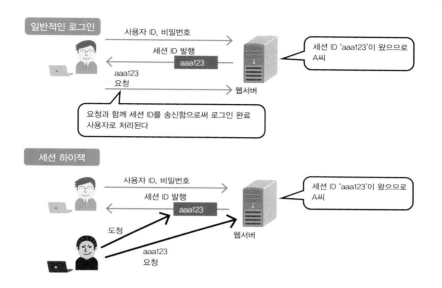

● 디렉터리 순회

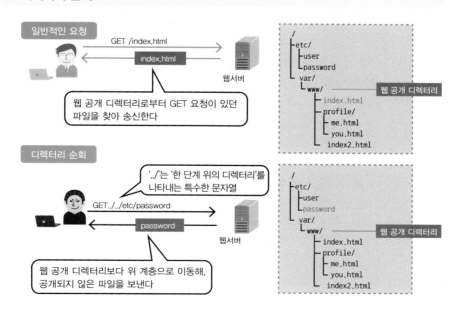

관련 용어   쿠키 _ p.74 / IP 주소 _ p.40 / URI _ p.78 / URL _ p.42 / 세션 _ p.76

04 웹 애플리케이션의 취약성을 노린 공격

동적 사이트는 실행할 수 있는 처리의 자유도가 높은 반면, 취약성이 뚫리는 경우에는 공격자가 할 수 있는 행동의 자유도 또한 높습니다. 특히 사용자로부터 송신된 데이터를 그대로 사용할 수 있는 것은 매우 위험하며, 다음과 같은 공격을 받지 않기 위해서라도 수신한 데이터에 공격에 사용될 수 있는 내용이 포함되어 있지 않은지 웹 애플리케이션 측에서 확인하는 것이 중요합니다.

● 크로스 사이트 스크립팅(Cross Site Scripting, XSS)

게시판 사이트와 같이 사용자의 입력 내용을 표시하는 유형의 웹사이트의 취약성을 통한 공격입니다. 구체적으로는 공격자가 '취약성을 가진 웹사이트에 대해 스크립트를 써넣는' 링크를 표시하는 웹페이지를 공개합니다. 해당 링크에 접근하면, 취약성이 있는 웹페이지를 통해 스크립트가 사용자의 웹브라우저로 보내지고, 클라이언트 사이드 스크립트로서 실행됩니다. 보내진 스크립트에는 세션 하이잭을 위한 쿠키 정보를 공개하는 것이나 바이러스를 다운로드하는 것 등을 생각할 수 있습니다.

● 크로스 사이트 요청 위조(Cross Site Request Forgeries, CSRF)

XSS와 마찬가지로 공격자가 준비한 '로그인이 필요한 사이트에 대해 변조를 수행하는' 링크에 사용자가 접근하게 되면 피해를 입는 공격입니다. XSS와 다른 점은 목적이 '사용자의 웹브라우저에 악의적인 스크립트를 보낸다'이 아니라 '본인으로 위장해 로그인이 필요한 사이트를 변조한다'라는 점입니다.

구체적인 공격으로는 사용자의 비밀번호를 공격자가 지정한 것으로 바꾸거나, XSS를 위한 악의적인 링크를 게시하는 것 등을 생각할 수 있습니다.

● SQL 주입

로그인 화면이나 검색 화면에서는 웹서버에 대해 사용자로부터 송신된 정보를 DB 서버와 연동해 처리합니다. 여기에서 송신하는 정보에 DB가 해석할 수 있는 내용을 뒤섞어, DB가 의도하지 않은 작동을 하도록 하는 공격입니다.

XSS나 CSRF는 공격자가 준비한 링크에 사용자가 접속하는 것에서 시작되는 공격입니다. 사용자 스스로가 이상한 링크에 연결하지 않도록 주의하는 것이 중요합니다.

● 크로스 사이트 스크립팅

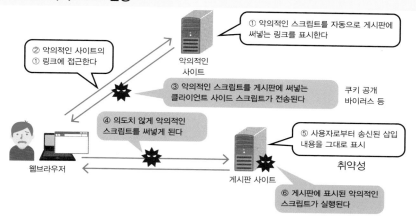

② 악의적인 사이트의 ① 링크에 접근한다

① 악의적인 스크립트를 자동으로 게시판에 써넣는 링크를 표시한다

악의적인 사이트

③ 악의적인 스크립트를 게시판에 써넣는 클라이언트 사이드 스크립트가 전송된다

쿠키 공개 바이러스 등

④ 의도치 않게 악의적인 스크립트를 써넣게 된다

⑤ 사용자로부터 송신된 삽입 내용을 그대로 표시

웹브라우저

취약성

게시판 사이트

⑥ 게시판에 표시된 악의적인 스크립트가 실행된다

● 크로스 사이트 요청 위조

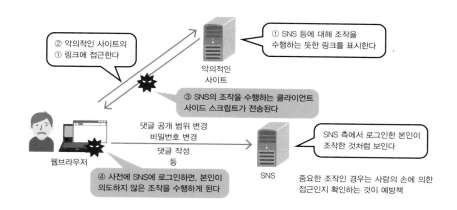

② 악의적인 사이트의 ① 링크에 접근한다

① SNS 등에 대해 조작을 수행하는 듯한 링크를 표시한다

악의적인 사이트

③ SNS의 조작을 수행하는 클라이언트 사이드 스크립트가 전송된다

댓글 공개 범위 변경
비밀번호 변경
댓글 작성
등

SNS 측에서 로그인한 본인이 조작한 것처럼 보인다

웹브라우저

④ 사전에 SNS에 로그인하면, 본인이 의도하지 않은 조작을 수행하게 된다

SNS

중요한 조작인 경우는 사람의 손에 의한 접근인지 확인하는 것이 예방책

● SQL 주입

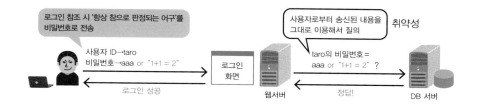

로그인 참조 시 '항상 참으로 판정되는 어구'를 비밀번호로 전송

사용자로부터 송신된 내용을 그대로 이용해서 질의

취약성

사용자 ID→taro
비밀번호→aaa or "1+1 = 2"

로그인 화면

taro의 비밀번호 =
aaa or "1+1 = 2" ?

로그인 성공

웹서버

정답!

DB 서버

05 웹 시스템의 취약성

웹 시스템에서 취약성을 완전히 없애기는 매우 어려우며, 어떤 시스템이라도 취약성은 남아 있습니다. 특히 시스템 운용에서 피할 수 없는 취약성이 보안 구멍입니다.

● 보안 구멍

보안 구멍^{Security Hole}이란 '소프트웨어 제품의 결함에 의해 권한이 없으면 본래 불가능한 조작을 권한을 갖지 않는 사용자가 실행할 수 있거나, 볼 수 없어야 할 정보가 제삼자에게 보이는 오류'를 나타냅니다. 보안 구멍은 어떤 제품에도 존재할 가능성이 있으며, 윈도우나 리눅스 같은 OS, IIS나 아파치 같은 웹서버, 오라클^{Oracle}이나 MySQL 같은 DB 서버에서도 매일 발견되고 있습니다.

발견된 보안 구멍은 취약성 정보 데이터베이스^{Vulnerability Information Database}라는 데이터베이스로 관리되며, 일반에 공개되므로 시스템 관리자는 그 정보를 참조해 자신이 관리하는 시스템의 보안 구멍을 알 수 있습니다.

또한 소프트웨어 개발자는 보안 구멍이 발견되면 즉시 수정 프로그램을 개발하고, 사용자에게 배포함으로써 피해의 확산을 방지합니다.

● 제로데이 공격

발견된 보안 구멍에 대한 수정 프로그램이 개발되기 전에, 해당 보안 구멍을 사용해 공격하는 것을 제로데이 공격^{Zero-day Attack}이라 부릅니다. 제로데이 공격에는 확실한 대응책이 없고, 시스템 관리지에 따라서는 가장 대책을 수행하기 어려운 공격입니다. 보안 구멍의 발견 빈도가 적어 신뢰할 수 있는 제품이나, 보안 구멍에 대한 대응이 빠른 제품을 선정하는 것이 한 가지 대책이 됩니다.

그리고 최근에는 취약성 데이터베이스 정보를 사용해정식 보안 패치가 개발되기까지 일시적으로 제로-데이 공격의 가능성이 있는 통신을 차단하는 보안 제품들도 개발됐습니다.

무언가의 이유로 설치가 됐지만 사용하지 않는 소프트웨어에서 보안 구멍이 발견되는 경우가 있습니다. 불필요한 소프트웨어는 설치하지 않는 것이 좋습니다.

플러스 1

그림과 작동 원리로 쉽게 이해하는 웹의 기초

● 웹 시스템의 취약성은 다양한 곳에 있다

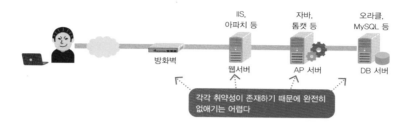

● 보안 구멍과 그 대책

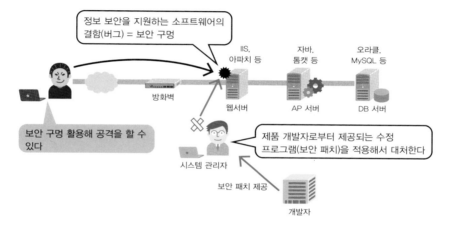

● 제로-데이 공격

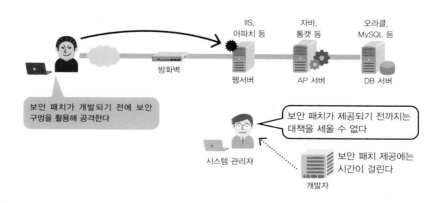

관련
용어 취약성 _ p.136 / 취약성 진단 _ p.188

06 방화벽

웹 시스템에 대한 공격을 막는 방법으로 가장 효과적인 것은 '공격자가 접근하지 못하게 하는 것'입니다. 그렇다고 해서 완전히 접근을 차단하면 웹 시스템으로서의 서비스를 제공할 수 없습니다.

서비스에 필요한 통신만을 허가하고, 그 이외의 통신을 거부하는 것을 생각할 수 있습니다. 인터넷과 외부 네트워크 사이에 설치해서 송수신되는 데이터를 감시해 통신 허가/거부를 수행하는 것이 방화벽^Firewall입니다.

● 패킷 필터형 방화벽

방화벽에는 몇 가지 방식이 있습니다. 이 중에서 패킷 필터형이라 불리는 것이 가장 널리 사용됩니다.

패킷 필터형 방화벽에서는 송수신된 데이터(패킷)의 IP 주소와 포크 번호를 체크해 통신 허가/거부를 판단합니다.

예를 들어, 사내에서 사용하기 위한 웹 시스템은 사내 IP 주소에서만 통신하면 되며, 그 외의 IP 주소로부터의 통신을 허가할 필요는 없습니다. 포트 번호의 경우에도 웹 시스템이라면 보통 HTTP(80번)이나 HTTPS(443번)로의 통신만 허가해 두어도 서비스를 제공할 수 있습니다.

불특정 다수의 사용자가 사용하는 시스템이라면 IP 주소 단위의 통신 차단은 어렵지만, 사용하지 않는 포트로의 통신을 막는 것만으로도 부정 접근 방지에는 큰 효과가 있습니다. 그렇기 때문에 인터넷상에 공개하는 시스템의 대부분에서 방화벽을 도입하고 있습니다.

단, 방화벽에서 허가한 IP 주소나 포트 번호로의 통신을 사용한 공격을 막을 수 없으므로, 다른 보안 대책도 함께 수행하는 경우가 많습니다.

그리고 인터넷으로부터 내부로의 통신뿐만 아니라 내부로부터 인터넷으로의 통신을 차단할 수도 있으므로, 바이러스에 감염된 서버가 외부에 데이터를 송신하는 상황을 미연에 막을 수도 있습니다.

● 불필요한 통신을 방지하는 것이 보안의 첫걸음

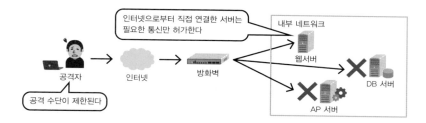

● 사내 사용자용 웹 시스템의 경우

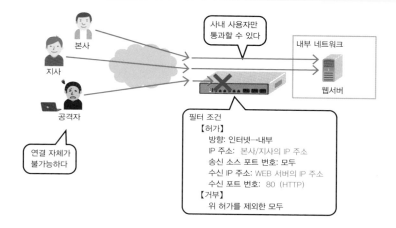

● 불특정 다수 사용자용 웹 시스템의 경우

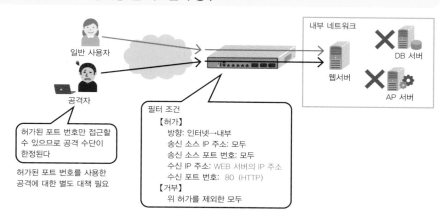

관련
용어 IP 주소 _ p.40 / 네트워크 구성 검토 _ p.168 / 포트 번호 _ p.40

07 IDS, IPS

방화벽으로 막을 수 없는 공격을 막는 방법으로는 IDS^(Intrusion Detection System, 침입 탐지 시스템)와 IPS^(Intrusion Prevention System, 침입 예방 시스템)가 있습니다. 두 시스템 모두 통신을 감시하는 네트워크형과 서버상의 사용의 작동을 감시하는 호스트형의 두 종류가 있으며, 여기에서는 네트워크형에 관해서만 설명합니다.

네트워크형 IDS, IPS는 모두 네트워크를 흐르는 통신을 감시해 부정 접근으로 보이는 통신이나 일반적이지 않은 이상한 통신을 감지하는 장치입니다. IDS와 IPS의 차이는 부정한 통신을 감지했을 때의 작동으로, IDS는 이상이 있다는 것을 시스템 관리자에게 메일 등으로 알릴 뿐이지만 IPS는 해당 내용을 알림과 종시에 즉시 해당하는 통신을 차단합니다.

부정한 통신을 차단하는 IPS 쪽이 견고한 보안을 구현할 수 있지만, 부정한 통신만을 정확하게 감지하는 것은 어려우며 정확한 통신을 부정한 통신으로 잘못 판단(오감지)하는 경우도 있습니다. 오감지가 발생했을 때 IPS는 정상 통신이 차단되기도 하므로, 가용성이 낮아집니다. 그렇기 때문에 IDS와 IPS는 시스템의 용도나 특성에 따라 구분해 사용합니다

IDS, IPS의 부정 접근 감지 방법에는 '시그니처 타입'과 '어노말리 타입'의 두 가지가 있습니다.

● 시그니처 방식(부정 감지형)

시그니처^{signature}란 이미 알려진 공격 방법에 대한 통신 패턴이 등록된 데이터베이스를 말합니다. 시그니처 타입 감지에서는 감시 대상 통신과 시그니처를 비교하고, 시그니처로 등록된 패턴과 일치하는 통신을 부정 접근으로 판단합니다.

● 어노말리 방식(이상 감지형)

평상시의 통신과 크게 다른 통신이나, 일반적으로 발생하지 않는 듯한 통신을 부정 접근으로 판단하는 감지 방법입니다. 통신 내용에는 이상한 점이 없지만 접근량이 급증하는 F5 공격 등을 검출할 수 있습니다.

호스트형은 서버에 설치하는 소프트웨어이며 사용자의 조작 기록이나 파일 변경 이력을 감시해 부정한 조작을 감지합니다. 플러스 1

그림과 자동 원리로 쉽게 이해하는 웹의 기초

● IDS, IPS 설치

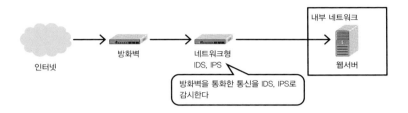

인터넷 → 방화벽 → 네트워크형 IDS, IPS → 내부 네트워크 웹서버

방화벽을 통화한 통신을 IDS, IPS로 감시한다

● IDS, IPS의 작동 차이

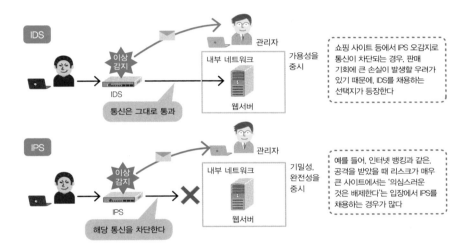

IDS

이상 감지 → 관리자

통신은 그대로 통과

내부 네트워크 웹서버

가용성을 중시

쇼핑 사이트 등에서 IPS 오감지로 통신이 차단되는 경우, 판매 기회에 큰 손실이 발생할 우려가 있기 때문에, IDS를 채용하는 선택지가 등장한다

IPS

이상 감지 → 관리자

해당 통신을 차단한다

내부 네트워크 웹서버

기밀성, 완전성을 중시

예를 들어, 인터넷 뱅킹과 같은, 공격을 받았을 때 리스크가 매우 큰 사이트에서는 '의심스러운 것은 배제한다'는 입장에서 IPS를 채용하는 경우가 많다

● 부정 접근 감지 방법

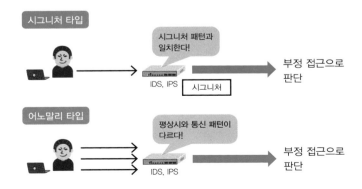

시그니처 타입

시그니처 패턴과 일치한다!

IDS, IPS 시그니처 → 부정 접근으로 판단

어노말리 타입

평상시와 통신 패턴이 다르다!

IDS, IPS → 부정 접근으로 판단

관련 용어   F5 공격 _ p.138   /   SYN Flood 공격 _ p.138

9 — 웹 보안과 인증

IDS나 IPS를 사용함으로써 DoS 공격과 같이 명확하게 부정한 통신이 발생하는 공격은 막을 수 있습니다. 하지만 IDS, IPS는 통신 내용까지 확인하지는 않으므로, 크로스 사이트 스크립팅이나 SQL 주입 같은 정상적인 통신으로 보이지만, 사용자로부터 송신되는 데이터에 악의적인 데이터가 포함된 공격은 막을 수 없습니다.

그래서 이런 악의적인 데이터로의 대책은 웹 애플리케이션 측에서 대책을 세워야 합니다. 그러나 다양한 공격 가능성을 사전에 예측해서 웹 애플리케이션을 개발하는 것은 매우 어렵고, 고도화된 공격에 대한 대응도 어렵습니다.

그래서 개발된 것이 전달하는 패킷의 내용을 보고 악의적인 데이터가 포함되어 있지 않은지 확인하는 WAF^Web Application Firewall입니다.

기능이 뛰어나며 어느 정도 보안 효과도 높지만, 기기 자체의 가격이 높고 운영에도 노력과 비용이 들기 때문에, 실제로 필요한지 신중하게 검토해야 합니다.

● 거부 목록 방식

IDS의 시그니처 타입과 마찬가지로 특정 패턴의 데이터를 가진 통신을 차단합니다. 차단할 데이터의 패턴은 거부 목록^Deny list 또는 블랙 리스트^Blacklist라 불리며, 기본적으로는 WAF의 개발자가 제공하는 것을 사용합니다. 새로운 공격 방법이 발견될 때는 거부 목록에 해당 패턴을 추가해야만 대응할 수 있습니다.

● 허용 목록 방식

거부 목록 방식과 반대로 정상 데이터 패턴(허용 목록^Allow list 또는 화이트 리스트^Whitelist)을 등록하고, 그에 적합한 통신만 허용합니다. 확실하게 정상이라고 판단할 수 있는 통신만 통과시키기 때문에 매우 높은 보안성을 기대할 수 있습니다.

그러나 웹사이트로의 정상적인 통신이 잘못 차단되지 않도록 모든 통신 패턴을 미리 등록해 두어야 하며, 정확한 허용 목록 작성에는 전문적인 지식이 필요합니다. 전용 운용 서비스를 사용하는 것도 고려해야 하며, WAF 운용에 비용이 많이 들기 쉽습니다.

● IDS, IPS로 막을 수 있는 공격/막을 수 없는 공격

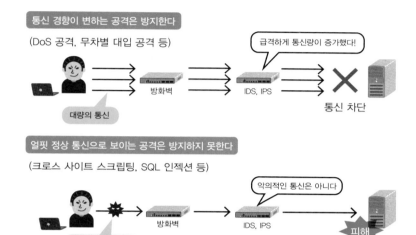

● WAF는 악의적인 데이터가 포함된 통신을 막을 수 있다

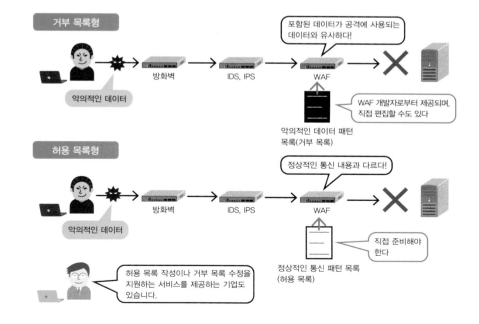

관련
용어 IDS/IPS _ p.148 / SQL 주입 _ p.142 / 크로스 사이트 스크립팅 _ p.142

인터넷에 공개된 웹 시스템에서 통신 도청이나 부정 침입의 리스크는 항상 고려해야 합니다. 그 대책이 되는 것이 여기에서 설명할 암호화입니다. 암호화란 원 데이터(평문)를 암호화하는 단계(암호화 알고리즘)로 제삼자가 읽을 수 없는 데이터(암호화)로 만드는 것입니다. 받은 암호문을 사용하기 위해 평문으로 되돌리는 것을 복호화라 부릅니다.

● 통신 경로에서의 암호화

사용자와의 데이터 전달 시 통신을 도청당하면 비밀번호나 신용 카드 정보 등 기밀 정보가 간단하게 유출됩니다. 통신 경로 자체를 암호화하면 제삼자에게 통신을 도청당하더라도 내용을 읽을 수 없어, 도청이 성공한 경우라도 피해가 발생하지 않을 수 있습니다.

● 보존 데이터 암호화

서버로의 부정 침입이 성공하면 공격자는 서버 안의 정보를 간단하게 얻을 수 있게 됩니다. 그렇기 때문에 기밀성이 높은 데이터는 서버 안에 저장할 때도 암호화해두는 것이 안전합니다. 구체적으로는 웹 애플리케이션이 데이터를 저장할 때 암호화해두고, 사용할 때는 데이터를 복호화한 뒤 사용합니다.

암호화와는 조금 다르지만 비밀번호처럼 복호화하지 않고도 올바른 지 아닌지 비교할 수 있는 데 사용할 수 있는 것으로 충분하다면, 해시화해서 저장해두는 것도 한 가지 대책입니다.

해시화란 해시 함수라 불리는 계산식을 사용해 임의의 길이의 문자열을 고정 길이의 문자열(해시값)로 변환하는 것입니다. 해시값의 길이는 해시 함수의 종류에 따라 다릅니다. 같은 해시값을 가진 다른 데이터를 생성하기는 매우 어려우므로, 인증 시에는 송신된 비밀번호의 해시값과 저장된 해시값을 비교함으로써 비밀번호가 올바른지 판정할 수 있습니다.

그리고 해시값에서 원래의 문자열을 추출하는 것은 매우 어렵기 때문에 만에 하나 해시값이 유출되더라도 비밀번호가 유출되지는 않습니다.

● 통신 경로 암호화

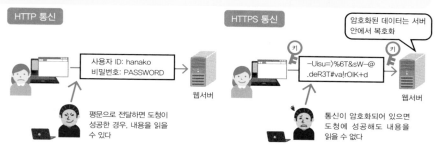

HTTP 통신

사용자 ID: hanako
비밀번호: PASSWORD

웹서버

평문으로 전달하면 도청이
성공한 경우, 내용을 읽을
수 있다

HTTPS 통신

암호화된 데이터는 서버
안에서 복호화

키

–Uisu=)%6T&sW–@
.deR3T#va!rOlK+d

키

웹서버

통신이 암호화되어 있으면
도청에 성공해도 내용을
읽을 수 없다

● 저장 데이터 암호화

데이터 등록

웹서버

데이터 저장
(비밀번호는 암호화)

사용할 때는 다시 복호화한다

사용자 ID: hanako
비밀번호: OZRRVNQC

다른 색상으로 도형의 테두리 부분에
효과를 주면 '눌려 있다'는 느낌을 줄
수 있다.

● 해시를 사용한 로그인 처리

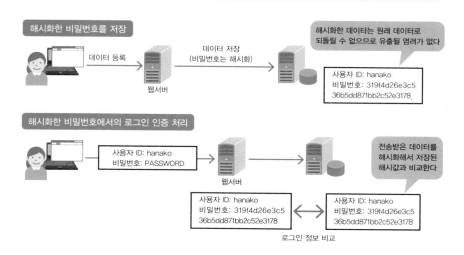

해시화한 비밀번호를 저장

데이터 등록

웹서버

데이터 저장
(비밀번호는 해시화)

해시화한 데이터는 원래 데이터로
되돌릴 수 없으므로 유출될 염려가 없다

사용자 ID: hanako
비밀번호: 319f4d26e3c5
36b5dd871bb2c52e3178

해시화한 비밀번호에서의 로그인 인증 처리

사용자 ID: hanako
비밀번호: PASSWORD

웹서버

사용자 ID: hanako
비밀번호: 319f4d26e3c5
36b5dd871bb2c52e3178

전송받은 데이터를
해시화해서 저장된
해시값과 비교한다

사용자 ID: hanako
비밀번호: 319f4d26e3c5
36b5dd871bb2c52e3178

로그인 정보 비교

관련
용어 HTTPS _ p.68 / SSL/TLS _ p.68

10 공개키 인증서

인터넷 뱅킹이나 쇼핑 사이트와 같은 웹사이트에서는 개인 정보나 신용 카드 정보 같은 기밀성이 높은 정보를 전달해야 합니다

하지만 얼굴이 보이지 않은 상대와의 통신이 되므로, 사용자에 따라서는 접근하고 있는 웹사이트가 진짜인지 어떻게 확인하는가가 중요합니다.

통신 상대가 진짜임을 인증하는 것이 공개키 인증서입니다. SSL 통신의 공개키 증명에 많이 사용되므로 일반적으로 SSL 인증서라 부릅니다.

공개키 인증서의 역할은 두 가지입니다. 첫 번째는 HTTPS 통신에 사용하기 위한 공개키를 가진 주체가 누구인지를 증명하는 것, 두 번째는 공개키를 가진 주체가 실제로 존재하는지를 증명하는 것(실재 증명)입니다. 공개키 인증서는 인증국이라 불리는 제삼자 기관에서 발행되며, 해당 인증국을 신뢰하는 모든 사용자로부터 신뢰하는 것이 됩니다.

공개키 인증서에는 유효 기간이 있으며, 기한을 넘어 사용할 때는 업데이트를 해야 합니다. 그리고 웹사이트의 정지 등으로 증명이 필요하지 않게 됐을 때는 만료일 이전이라도 인증국이 인증서를 무효화할 수 있습니다.

공개키 인증서는 위조에 강하고, 위조되더라도 그러한 사실을 감지할 수 있도록 만들어져 있습니다. 그래서 웹 세계에서 신분증처럼 쓰입니다.

● 자기 인증서

인증국에서 공개키 인증서를 발행받으려면 발행 비용과 심사를 위한 시간이 듭니다. 그렇기 때문에 시험적으로 공개키 인증서를 사용할 때는, 자신을 인증국으로 하는 공개키 인증서를 만들 수 있습니다.

물론 일반적으로 신뢰받는 인증국은 아니므로, 인터넷상에 공개하는 웹사이트에 사용하더라도 일반 사용자에게서는 신용을 얻지 못하고, 한정된 용도로만 사용할 수밖에 없습니다.

자신을 자신이 증명하는 것이므로, 자기 인증서는 '셀프 인증서'라 불리도 합니다.

인증국 자신의 인증서를 '루트 인증서'라 부릅니다. 대규모 인증국의 루트 인증서들은 신뢰할 수 있도록 사전에 웹브라우저에 삽입되어 있습니다. 플러스 1

그림과 작동 원리로 쉽게 이해하는 웹의 기초

● 중요한 정보를 송신하기 전에 상대가 진짜인지를 확인해야 한다

● 공개키 인증서

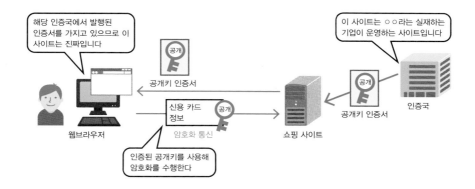

● 자기 인증서는 '암호화 통신이 가능하다는 것'만을 보증한다

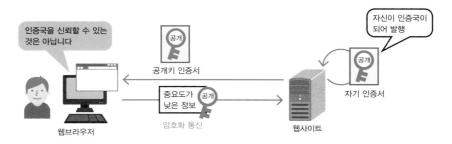

신뢰할 수 있는 인증국에서 발행한 인증서가 아니므로 경고는 발생하지만, 공개키를 사용한 암호화 통신을 수행할 수는 있다

관련 용어   HTTPS _ p.68 / 암호화 _ p.152

11 인증

회원제 사이트를 사용할 때는 미리 부여된 ID를 사용해 로그인하고, 본인 확인이 가능하면 서비스를 사용할 수 있습니다. 이 본인 확인 처리를 인증Authentication이라 부릅니다.

원래 인증 구조는 각 사이트마다 독자적으로 구현하는 것이었기 때문에 각 사이트에서 사용자 계정 정보를 관리했습니다. 따라서 사용자는 각 사이트에서 계정을 작성해야 했고, 사용하는 사이트의 증가와 함께 관리하는 계정 수 또한 많아졌습니다. 한편 회원제 사이트의 운영자 측으로서는 사용자의 개인 정보 관리 부담이 발생했습니다. 그래서 구글, 페이스북, 트위터 등 사용자가 많은 웹서비스에서 관리하는 계정 정보를 사용해 인증을 수행하는 기술이 개발됐습니다. 이를 통해 사용자는 관리할 계정의 수를 줄일 수 있게 됐습니다. 또한 사이트 운영자는 각 사가 제공하는 인증 방식을 사용할 수 있도록 웹 애플리케이션을 구현함으로써, 개발적으로 사용자의 개인 정보를 관리할 필요가 없이 회원제 사이트를 운영할 수 있게 됐습니다.

● 인증 API

인증 처리를 제공할 때는 처리 구조를 API로 제공합니다. 인증 API 사용하는 사이트는 인증을 수행하는 웹 애플리케이션이 사용자를 인증 API에 유도해, 인증 API로부터 인증 결과 알림을 받음으로써 사용자의 로그인 정보를 다루지 않고 인증 처리를 수행합니다.

단, 사용자가 대상 인증 API 측에 계정을 가지고 있지 않으면 이 방식으로 인증할 수 없습니다. 그리고 각 사마다 API 사양이 통일되지 않았기 때문에 웹 애플리케이션을 여러 인증 API에 대응해야 하는 수고가 듭니다.

● OpenID

인증 API 문제를 해결하기 위해 인증 처리를 표준화한 프로토콜이 OpenID입니다. OpenID로는 여러 기업이 제공하는 인증 서비스를 같은 순서로 사용할 수 있습니다.

로그인 화면에 '구글로 로그인', '페이스북으로 로그인' 같은 선택지가 있는 사이트는 여기에서 소개한 인증 API나 OpenID를 사용하고 있는 것입니다. 플러스 1

● 인증

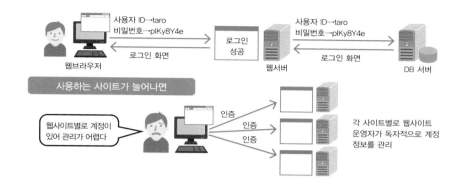

사용자 ID→taro
비밀번호→plKy8Y4e

로그인 성공

사용자 ID→taro
비밀번호→plKy8Y4e

로그인 화면

웹브라우저　　웹서버　　DB 서버

로그인 화면

사용하는 사이트가 늘어나면

웹사이트별로 계정이 있어 관리가 어렵다

인증

인증

인증

각 사이트별로 웹사이트 운영자가 독자적으로 계정 정보를 관리

● 인증 구조를 제공하는 서비스가 등장

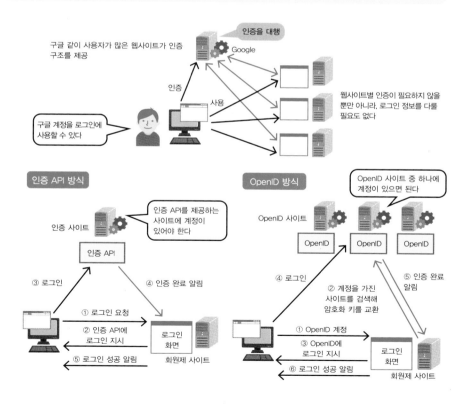

구글 같이 사용자가 많은 웹사이트가 인증 구조를 제공

인증을 대행

Google

인증

사용

구글 계정을 로그인에 사용할 수 있다

웹사이트별 인증이 필요하지 않을 뿐만 아니라, 로그인 정보를 다룰 필요도 없다

인증 API 방식

인증 API를 제공하는 사이트에 계정이 있어야 한다

인증 사이트

인증 API

③ 로그인

④ 인증 완료 알림

① 로그인 요청

② 인증 API에 로그인 지시

⑤ 로그인 성공 알림

로그인 화면

회원제 사이트

OpenID 방식

OpenID 사이트 중 하나에 계정이 있으면 된다

OpenID 사이트

OpenID　OpenID　OpenID

④ 로그인

② 계정을 가진 사이트를 검색해 암호화 키를 교환

⑤ 인증 완료 알림

① OpenID 계정

③ OpenID에 로그인 지시

⑥ 로그인 성공 알림

로그인 화면

회원제 사이트

6 _ 웹 보안과 인증

관련 용어　Web AP _ p.126 / 허가 _ p.158

12 허가

인증으로 확인한 결과로부터 사용자별 권한에 따라 사용할 수 있는 서비스를 허락하는 것을 허가Authorization라 부릅니다.

예를 들어, 트위터에서 '×××'라는 사용자 계정이 인증됐을 때 '×××' 계정의 이름의 게시에 대해서는 수정 및 열람을 허락하고, 그 이외의 계정의 게시에 대해서는 열람만 허락하는 것이 허가입니다.

최근에는 트위터 이외의 제삼자가 제공하는 스마트폰 애플리케이션이나 웹사이트로부터 게시를 수행하는 등, 사이트를 넘나드는 사용도 증가하고 있습니다. 여기에는 사이트를 넘나드는 허가가 필요하며, 이런 사용을 실현하기 위해 다양한 방법이 개발되어 있습니다.

● OAuth

OAuth는 사이트를 넘나들어 허가를 구현하기 위해 표준화된 프로토콜입니다. 기능 자체는 허가뿐이며, 인증은 수행하지 않습니다. 그렇기 때문에 기본적으로 인증을 수행하는 다른 프로토콜과 함께 사용됩니다. 사용할 서비스는 '리소스'라 불리며, 서비스를 제공하는 서버가 리소스 서버resource server, 그 사용자가 리소스 오너resource owner, 허가 받은 리소스를 사용하는 웹사이트나 애플리케이션을 클라이언트라 부릅니다.

클라이언트가 리소스를 사용할 때는 리소스 오너에게 허가를 요청하고, 허가를 받으면 리소스 서버에 허가를 받은 것을 보고한 뒤, 리소스를 사용하기 위한 시크릿(토큰) 발행을 의뢰합니다. 리소스 서버는 정당한 허가 여부를 확인한 뒤 토큰을 발행하며, 클라이언트는 발행된 토큰을 사용해 리소스를 사용할 수 있게 됩니다.

● OpenID Connect

OAuth 2.0을 기반으로 인증 기능이 추가된 프로토콜이 OpenID Connect입니다. 인증 기능과 허가 기능을 실현할 수 있으므로 OAuth와 같이 별도 인증 방법을 제공할 필요가 없습니다. OpenID를 사용하던 많은 사이트들이 마이그레이션을 진행 중입니다.

OAuth의 그림 ①일 때는 '페이스북에서 계정 사용을 허가하겠습니까?' 같은 허가 화면이 나타나므로 SNS 연동 설정을 해봤다면 본 적이 있을 것입니다. 플러스 1

● 허가

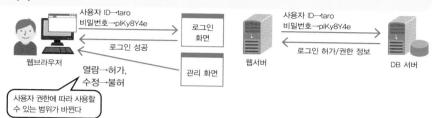

● 사이트를 넘나드는 허가가 필요한 경우

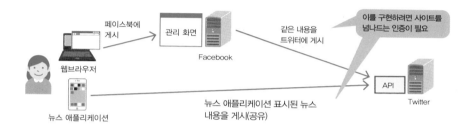

● OAuth

OAuth는 사이트를 넘나드는 인가를 수행하는 프로토콜입니다. 클라이언트가 되는 사이트가 리소스 오너의 허가를 받아, 리소스 서버인 사이트의 서비스를 사용합니다.

13

프로그램을 사용한 부정을 방지한다

캡차(CAPTCHA)

● 프로그램을 사용한 악용에 대한 대책

컴퓨터나 프로그래밍 기술이 발전함에 따라 문자 입력이나 클릭 작동을 프로그램으로 수행시켜 웹 시스템을 사용하는 것이 가능해졌습니다.

하지만 웹 투표 시스템에 프로그램을 사용해 대량으로 투표를 함으로써 표수를 조작하거나, 웹 메일 서비스에 프로그램을 사용해 대량으로 계정을 만들어 스팸 메일을 발송하는 등 악의적인 목적으로 프로그램을 사용하는 경우가 있습니다.

프로그램을 사용한 웹서비스의 악용을 막기 위해 고안된 것이 CAPTCHA입니다.

CAPTCHA는 'Completely Automated Public Turing Test To Tell Computers and Humans Apart'의 약자로, 컴퓨터와 사람을 구별하기 위한 테스트라는 의미입니다.

프로그램을 통해 악용될 가능성이 있는 조작 직전에, '사람은 쉽게 할 수 있지만 프로그램은 하기 어려운 처리'를 하도록 함으로써 일련의 조작이 사람에 의해 이루어졌음을 확인합니다.

● 다양한 패턴

'사람은 쉽게 할 수 있지만 프로그램은 하기 어려운 처리'로 대표적인 것이 '왜곡된 문자 읽기'입니다. 몇 개의 문자를 나열한 왜곡된 이미지를 표시하고, 이를 입력한 결과가 화면의 내용과 맞으면 사람이 처리한 것이라 판단합니다.

CAPTCHA에는 문자 읽기 외에도 다양한 패턴이 있습니다. '여러 이미지로부터 강아지의 이미지만 선택한다', '퍼즐의 조각을 드래그 앤드 드롭 해서 올바른 위치로 이동시킨다', '간단한 수식을 화면에 표시하고 답을 입력시킨다' 등 다양한 변형이 고안되어 있습니다.

그림과 작동 원리로 쉽게 이해하는 웹의 기초

● 프로그램을 사용한 웹 시스템 악용

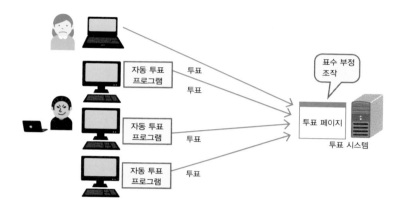

● CAPTCHA를 사용한 부정 방지

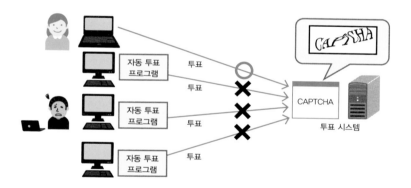

● 다양한 CAPTCHA

이것을 읽으십시오

문자 읽기

개를 선택하십시오

이미지 선택

퍼즐을 맞추십시오

간단한 퍼즐

관련
용어   인증 _ p.156

6 _ 웹 보안과 인증

보안 대책은 어렵다…

웹 시스템을 운용할 때 가장 신경 쓰는 것이 보안 대책입니다. 최근 부정 접근에 의한 개인 정보 유출 등으로 세계가 시끄럽습니다. 어쩌면 독자분들 중 피해 대상이 된 분들이 있을지도 모릅니다.

개인 정보를 노리는 큰 이유는 역시 '돈이 되기 때문'입니다. 개인 정보 1건은 큰 가치가 없지만(그렇다 해도 정작 유출된 장본인은 기분이 나쁘겠지만…), 만일 수만 건이 되면 돈이 되는 정보도 있습니다. 개인 정보가 유출된 기업측에서 보면 회사로부터의 신용 실추나 보상에 따른 손실 등도 발생하기 때문에 웹 시스템에 관한 보안 대책은 기업의 존속에도 영향을 주는 중요한 과제입니다.

웹 시스템에 대한 공격의 대부분이 웹 시스템의 취약성을 노리는 방법으로, 3장의 칼럼에서도 조금 다루었지만 HTTPS로 암호화된 통신 내용을 해독해서 도청하는 공격도 존재합니다.

보안 대책에는 웹 시스템의 운용 담당자도 골치가 아프지만 해외에서는 현재 취약성을 둘러싼 환경의 변화가 있습니다. 취약성을 발견한 사람에게 보상금을 지급하는 제도가 일반화되고 있습니다. 예를 들어, 마이크로소프트사에서는 취약성을 발견한 사람에게 최고 10만 달러를 지불하고 있습니다. 그리고 취약성 발견을 전문으로 하는 기업도 출현하고 있습니다. 국내 일부 기업도 보상금을 지급하는 제도를 운용하고 있으며, 여러 방법으로 취약성을 조금이라도 빨리 발견하기 위해 노력하고 있습니다.[1] 클라우드 서비스 등의 보급으로 자사의 웹사이트 등을 비교적 간단하게 공개할 수 있게 되어, 실제로 운영하는 분이나 앞으로 운영하고자 고려하는 분도 많을 것입니다. 보안 대책을 하지 않으면 서버를 빼앗겨, 알지 못하는 사이에 자신이 공격자가 되어버리는 경우도 있습니다. 웹 시스템을 인터넷상에 공개하는 것은 보안 리스크가 있다는 점을 인식하고, 책임을 갖고 운용해야 합니다.

---

1 (엮은이) 한국인터넷진흥원에서 보안 취약점 신고 포상제를 운영하고 있습니다. https://knvd.krcert.or.kr/rewardExplain.do

7

웹 시스템 구축과
운용

이번 장에서는 웹 시스템을 구축, 운용하는 역할을 할 때 필요한 지식과 사고방식에 관해 살펴
봅니다. 웹 기술은 항상 발전을 계속하고 있지만, 여기에서 살펴볼 사고방식은 크게 변하지 않을
것입니다.

제공할 서비스 검토

웹 시스템을 구축할 때는 가장 먼저 해당 시스템에서 제공할 서비스를 검토합니다. 전체 개요에서 시작해 최종적으로 애플리케이션의 상세 기능까지 나누어 시스템 기반에 필요한 기능을 도출합니다. 구체적으로는 '서비스 내용', '애플리케이션에 필요한 기능과 디자인', '시스템 기반에 필요한 기능'을 순서대로 검토해 나갑니다.

● 서비스의 내용

서비스의 내용에 관해 검토합니다. 예를 들어, 무엇을 제공하는가, 어떤 사람을 대상으로 하는가, 무엇을 사용해 접근하는지 검토하고 서비스 내용을 구체화합니다.

● 애플리케이션에 필요한 기능과 디자인

다음으로 서비스의 내용으로부터 필요한 기능을 검토합니다. 예를 들어, 제공하는 서비스에서 시스템 안에 데이터를 가질 필요가 있다면, 데이터베이스로 데이터를 저장하는 기능이나 데이터를 검색하는 기능이 필요합니다. 그리고 외부 서비스와 연동하는 서비스라면 API 구현이 필요합니다.

디자인에서는 사용자가 서비스에 접근할 때 사용하는 기기에 따라 검토합니다. 예를 들어, 비교적 연령이 높은 사용자를 대상으로 한 서비스라면 큰 글자를 쓰고, 스마트폰용 서비스라면 작은 화면에 필요한 내용이 잘 들어가는 표시 방법을 고려해야 합니다.

● 시스템 기반에 필요한 기능

애플리케이션에 필요한 기능이 구체화되면 시스템 기반에 필요한 기능이 결정되어 갑니다. 데이터베이스가 필요한 시스템에서는 DB 서버가 필요하며, 개인 정보와 같은 기밀성이 높은 데이터를 가진 사이트에서는 보안을 높이기 위한 기능을 도입할 필요가 있습니다. 그리고 24시간/365일 서비스를 제공하는 시스템이라면 기능을 다중화해 서비스 중단을 방지하는 구성을 갖춰야 합니다.

24시간/365일 중단 없이 제공하는 시스템을 24/7이라 부릅니다. 플러스 1

● 서비스 내용 검토

무엇을 제공하는 서비스인가?

쇼핑 / SNS / 정보 공유 / 뉴스 사이트 / 게시판

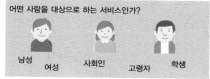

어떤 사람을 대상으로 하는 서비스인가?

남성 / 여성 / 사회인 / 고령자 / 학생

무엇을 사용해 접근하는가?

랩톱 PC / 스마트폰, 태블릿 / 데스크톱 PC

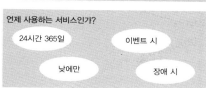

언제 사용하는 서비스인가?

24시간 365일 / 이벤트 시 / 낮에만 / 장애 시

● 애플리케이션에 필요한 기능

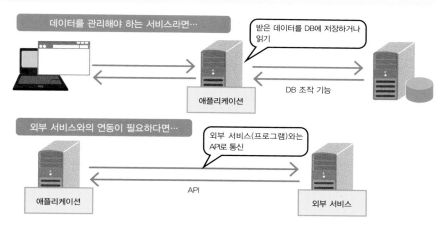

데이터를 관리해야 하는 서비스라면…

애플리케이션

받은 데이터를 DB에 저장하거나 읽기

DB 조작 기능

외부 서비스와의 연동이 필요하다면…

애플리케이션

외부 서비스(프로그램)와는 API로 통신

API

외부 서비스

● 애플리케이션 디자인

고령자용

큰 문자 크기

스마트폰용

작은 화면에서도 조작하기 쉬운 디자인

02 사용 언어, 소프트웨어 검토

제공할 서비스 내용을 결정했다면 그것을 개발하기 위한 프로그래밍 언어나 작동시키기 위해 사용할 소프트웨어를 선정합니다.

● 프로그래밍 언어

웹 애플리케이션에 사용되는 프로그래밍 언어는 주로 자바스크립트, 펄, 파이썬, PHP, 루비, 자바, 비주얼 베이직, C# 등입니다. 각각의 언어에는 처리의 장점과 단점이 있으며, 대응하는 프레임워크도 각각 다릅니다. 개발하는 애플리케이션의 특징에 맞는 언어를 선정하는 것이 중요합니다.

● 서버 운영 체제(OS)

애플리케이션을 작동시키는 서버의 OS도 선정해야 합니다. 기본적으로는 윈도우 또는 리눅스 중 하나를 선택하게 됩니다. 가정용으로 사용되는 PC의 OS는 대부분 윈도우이므로 서버로도 동일하게 조작할 수 있는 윈도우를 선택하고자 하는 경우도 있지만, 윈도우는 보급률이 높은 만큼 취약성이 노려지기 쉽고 보안 측면에서의 불안이 있다는 점, 그리고 라이선스 비용이 높기 때문에 서버 수가 많아지면 그만큼 비용이 든다는 점이 문제가 됩니다. 한편 리눅스는 조작성이 윈도우와는 크게 다르지만, 무료 또는 저렴한 비용으로 라이선스를 구입할 수 있습니다.

● 미들웨어

OS와 애플리케이션 중간에 위치하는 프로그램을 미들웨어^Middleware라 부릅니다. 웹서버나 AP 서버, DBMS 등이 미들웨어에 해당합니다. 미들웨어도 선정해야 하지만, OS에 따라 선택지가 줄어들기도 합니다.

마이크로소프트의 IIS나 SQL Server는 윈도우 환경에서만 사용할 수 있습니다. 하지만 윈도우와의 친화성이 높아 서버 OS로 윈도우를 선택했을 때는 IIS와 SQL Server를 많이 사용하게 됩니다.

프로그램 언어나 소프트웨어를 선정할 때는 기능, 가격, 유지보수성, 사용 실적 등 다양한 관점에서 비교하고 요건에 가장 적합한 것을 선택하는 것이 중요합니다. 플러스 1

그림과 작동 원리로 쉽게 이해하는 웹의 기초

● 웹 개발에 자주 사용되는 프로그래밍 언어

자바스크립트 (JavaScript)	• 브라우저상에서도 작동하므로 클라이언트 사이드에서 사용할 수 있다. • 서버 사이드에서도 사용할 수 있는 경우가 늘어나고 있다. • 기능이 단순하고 작동이 쾌적하다.
자바 (Java)	• 실행 환경을 설치해야만 작동시킬 수 있다. • GUI는 물론 복잡한 처리도 가능하다.
비주얼 베이직 (Visual Basic)/C#	• 마이크로소프트의 프레임워크인 ASP.NET에서 자주 사용된다. • GUI에 뛰어나다.
PHP	• HTML 안에 삽입해 실행할 수 있다. • 널리 사용되고 있어 노하우가 많다.
펄(Perl)/ 루비(Ruby)/ 파이썬(Python)	• 문자열 처리에 뛰어나다. • 프레임워크가 풍부하다. • 리눅스에서는 실행 환경이 표준으로 설치되어 있으나, 윈도우에서는 별도로 환경을 설치해야 한다.

여기에서는 유사한
특징을 가진 언어를
모아서 소개합니다.

● 웹 시스템에 자주 사용되는 운영 체제

윈도우 (Windows)	• 일반용 PC에 널리 보급되어 있다. • GUI에서의 조작이 기본이다. • 높은 라이선스 비용. • 취약성이 노려지기 쉽다.
리눅스 (Linux)	• 윈도우와 조작감이 다르다. • CUI에서의 조작이 기본이다. • 무료 또는 저렴한 라이선스 비용. • 마이크로소프트 계열의 소프트웨어는 대부분 사용할 수 없다.

● 미들웨어(서버 소프트웨어)

웹서버

아파치 (Apache)	• 무료. • 윈도우/리눅스에서 사용할 수 있다. • 가장 많이 사용되는 웹서버.
엔진엑스 (nginx)	• 유료로 보고서를 받을 수 있다. • 윈도우/리눅스에서 사용할 수 있다. • 기능이 단순하고 작동이 쾌적하다.
IIS	• 윈도우에 표준 설치되어 있다. • 리눅스에서는 사용할 수 없다. • AP 서버의 기능을 갖고 있다.

AP 서버

톰캣 (Tomcat)	• 무료. • 윈도우/리눅스에서 사용 가능하다. • 아파치와 조합해 자주 사용한다.
제이보스 (JBoss)	• 유료. • 윈도우/리눅스에서 사용 가능하다.
IIS	• 윈도우에 표준 설치되어 있다. • 리눅스에서는 사용할 수 없다. • 웹서버의 기능도 갖고 있다.

DBMS

오라클 (Oracle)	• 많은 기능. • 가격이 매우 높다. • 윈도우/리눅스에서 사용 가능하다.
마이에스큐엘(MySQL)/ 포스트그레스큐엘(PostgreSQL)/ 에스큐엘라이트(SQLite)	• 단순한 기능. • 무료. • 윈도우/리눅스에서 사용 가능하다.
SQL Server	• 많은 기능. • 가격이 높다. • 윈도우에서만 사용 가능하다.

미들웨어에는 무료인 것도 많지만,
유료 제품은 (기술)지원을 받을 수
있다는 장점이 있습니다.

관련
용어   스크립트 언어 _ p.90 / DBMS _ p.118

03 네트워크 구성 검토

웹 시스템 구축은 어떻게 구성하는지 검토하는 것에서 시작합니다. 웹 시스템은 네트워크 기기나 서버 등의 기기, 각 기기들을 연결하는 네트워크로 구성됩니다.

웹 시스템 용도나 필요한 보안 수준, 투입할 수 있는 비용 등에 따라 최적의 구성이 달라집니다. 먼저 그런 요소들로부터 네트워크 구성에 대한 검토를 시작합니다.

● 네트워크 분할

웹 시스템을 구성하는 네트워크는 크게 3종류로 분할합니다. 첫 번째는 인터넷과 접하는 외부 네트워크, 두 번째는 인터넷과 격리된 내부 네트워크, 세 번째는 외부 네트워크와 내부 네트워크의 경계에 위치하며 외부 네트워크 및 내부 네트워크 양쪽으로부터의 접근을 받으면서, 부정한 통신을 방지하기 위해 내부 네트워크로의 통신을 최소로 하는 DMZ^{DeMilitarized} $^{\text{Zone, 비무장 지대}}$입니다.

이렇게 네트워크를 분할하고 기밀성 높은 정보를 가진 DB 서버 등을 내부 네트워크에 배치함으로써, 인터넷으로부터 직접 중요한 데이터에 접근하는 것을 막을 수 있습니다.

● 네트워크 기기의 구성

6장에서도 다루었지만 인터넷으로부터의 연결되는 시스템에 대한 공격을 막기 위해서는 방화벽이 필수입니다. 한편 IDS, IPS, WAF는 가격이 비싸기 때문에 요구되는 보안 요건에 따라 도입하지 않기도 합니다. 예를 들어, 개인 정보를 갖지 않은 시스템이라면 부정 접근에 의한 피해가 적으므로 비싼 WAF 등을 도입할 필요성이 낮다고 할 수 있습니다. 한편 금융과 관련된 시스템 등 공격을 받았을 때의 피해가 막대한 시스템은 비용 증가를 감안하더라도 WAF 등을 도입해, 피해를 막는 것을 검토하는 편이 좋을 것입니다. 그리고 다중성을 고려해 네트워크 기기를 여러 대 씩 설치하는 것도 검토합니다.

많은 기능의 네트워크 기기일수록 가격이 높고, 유지보수도 어려워집니다. 보안 확보는 중요하지만 정말로 필요한지 잘 검토해야 합니다. 플러스 1

● 네트워크 분할

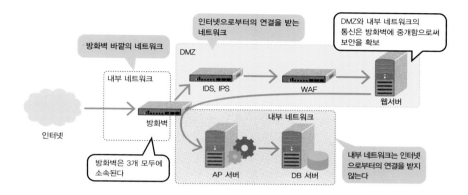

인터넷으로부터의 연결을 받는
네트워크

DMZ와 내부 네트워크의
통신은 방화벽에 중개함으로써
보안을 확보

방화벽 바깥의 네트워크

DMZ

내부 네트워크

IDS, IPS   WAF   웹서버

인터넷   방화벽

내부 네트워크

방화벽은 3개 모두에
소속된다

AP 서버   DB 서버

내부 네트워크는 인터넷
으로부터의 연결을 받지
않는다

● 네트워크 기기 구성

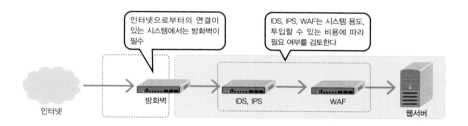

인터넷으로부터의 연결이
있는 시스템에서는 방화벽이
필수

IDS, IPS, WAF는 시스템 용도,
투입할 수 있는 비용에 따라
필요 여부를 검토한다

인터넷   방화벽   IDS, IPS   WAF   웹서버

내장애성을 높이기 위해서는 기기 여러 대를 배치해 다중화한다.

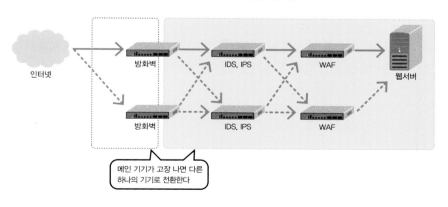

인터넷   방화벽   IDS, IPS   WAF   웹서버

방화벽   IDS, IPS   WAF

메인 기기가 고장 나면 다른
하나의 기기로 전환한다

관련
용어   방화벽 _ p.146 / IDS/IPS _ p.148 / WAF _ p.150

네트워크 구성을 결정했다면, 각 네트워크에 배치할 서버 구성을 검토합니다. 각 서버의 역할을 고려해 어떤 서버 기기로 작동시킬 것인지, 서버 배치 대상 네트워크를 어디로 할 것인지, 서버 다중화를 수행할 것인지 등을 중심으로 구성을 검토합니다.

● 로드 밸런서

웹서버를 다중화할 때 시스템에 도착하는 요청을 어떤 웹서버로 전달할 것인지 고려할 필요가 있습니다. 이 분배 작업을 수행하는 기기가 로드 밸런서$^{Load\ Balancer}$입니다. 로드 밸런서는 웹서버보다 인터넷 쪽에 배치하고, 그 아래에 있는 웹서버를 인식시킵니다. 클라이언트로부터의 요청은 로드 밸런서가 우선 모두 받은 뒤, 해당 요청을 아래의 웹서버에 균등하게 전송함으로써 웹서버의 부하를 평준화하면서 요청을 처리하게 합니다. 웹서버로부터의 응답도 우선 로드 밸런서가 받아, 로드 밸런서가 클라이언트로 반환합니다.

● 배치 대상 네트워크

서버 기기는 DMZ 또는 내부 네트워크에 배치합니다. 보안을 높이기 위해서는 기본적으로 인터넷과의 통신을 하지 않는 서버 기기는 모두 내부 네트워크에 배치하고, 인터넷과의 통신이 필요한 서버만 DMZ에 배치합니다.

● 서버 구성

구축할 시스템의 용도나 요건에 따라 '비용을 중시해 최소한의 서버 기기를 배치한다', '가용성을 중시해 기기 장애에 따른 서비스 정지를 적극적으로 없앤다' 등의 정책을 결정하고, 그에 따라 구성을 검토합니다. 서버 기기를 줄이기 위해 웹서버와 AP 서버를 한 대의 서버 기기에서 작동시키는 등의 구성도 검토할 수 있습니다.

기본적으로 서버가 많을수록 가용성은 높아집니다. 단, 관리할 서버 수가 많아지므로 그만큼 운용 부하는 높아집니다.

플러스
1

● 서버 구성 검토

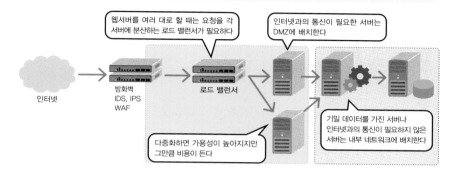

웹서버를 여러 대로 할 때는 요청을 각
서버에 분산하는 로드 밸런서가 필요하다

인터넷과의 통신이 필요한 서버는
DMZ에 배치한다

인터넷

방화벽
IDS, IPS
WAF

로드 밸런서

기밀 데이터를 가진 서버나
인터넷과의 통신이 필요하지 않은
서버는 내부 네트워크에 배치한다

다중화하면 가용성이 높아지지만
그만큼 비용이 든다

● 비용을 억제한 서버 구성 예

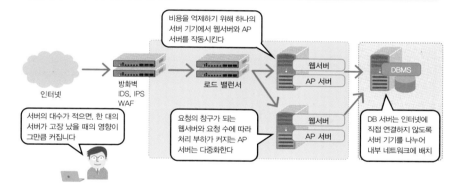

비용을 억제하기 위해 하나의
서버 기기에서 웹서버와 AP
서버를 작동시킨다

인터넷

방화벽
IDS, IPS
WAF

로드 밸런서

웹서버
AP 서버

DBMS

서버의 대수가 적으면, 한 대의
서버가 고장 났을 때의 영향이
그만큼 커집니다

요청의 창구가 되는
웹서버와 요청 수에 따라
처리 부하가 커지는 AP
서버는 다중화한다

웹서버
AP 서버

DB 서버는 인터넷에
직접 연결하지 않도록
서버 기기를 나누어
내부 네트워크에 배치

● 가용성을 중시한 서버 구성 예

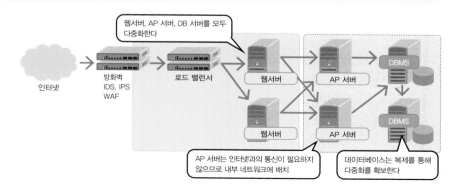

웹서버, AP 서버, DB 서버를 모두
다중화한다

인터넷

방화벽
IDS, IPS
WAF

로드 밸런서

웹서버

AP 서버

DBMS

웹서버

AP 서버

DBMS

AP 서버는 인터넷과의 통신이 필요하지
않으므로 내부 네트워크에 배치

데이터베이스는 복제를 통해
다중화를 확보한다

7_ 웹 시스템 구축과 운용

관련
용어　다중화 _ p.112 / 방화벽 _ p.146 / 부하 분산 _ p.174 / IDS/IPS _ p.148 / WAF _ p.150

05 서버 기반 검토

실제로 웹 시스템을 구축할 때 고려할 것으로 서버 등의 기기의 조달 방법을 들 수 있습니다. 구체적으로는 크게 나누어 직접 기기를 구입할 것인가, 누군가에게 빌릴 것인가 중 하나로 볼 수 있습니다.

● 온프레미스

온프레미스^{Onpremise}는 '자사 운용'을 나타내는 용어로, 직접 기기를 구입해서 사용하는 방법입니다. 온프레미스로 시스템을 구축할 때는 직접 원하는 대로 기기 구성을 조합할 수 있어 구성의 자유도가 매우 높습니다. 그리고 시스템의 데이터도 자신이 소유하는 서버 안에 존재하게 되므로 개인 정보 등 기밀성이 높은 데이터를 다른 사람이 관리하는 서버에 두는 불안함이 없다는 것이 장점입니다. 한편 직접 기기를 관리해야 하므로 운용을 위한 노력이 들고, 기기 운용 지식도 필요합니다. 또한 서버 기기는 가격이 높고, 기기들을 둘 위치도 확보해야 하기 때문에 초기 투자가 매우 커집니다.

● 임대 서버

다른 사람이 구축한 뒤 빌려주는 서버(임대 서버$^{Rental Server}$)의 일부를 빌려, 거기에 웹 애플리케이션을 배치할 수도 있습니다. 다른 사람에 의해 이미 구축/운용되고 있는 서버를 사용하므로 구축이나 운용의 노력이 들지 않고, 기기를 두는 장소도 직접 확보할 필요가 없습니다. 하지만 이미 완성된 구성을 변경할 수 없기 때문에 구성의 자유도는 거의 없습니다.

● 클라우드

다른 사람이 제공하는 가상 서버를 설치할 수 있는 환경(클라우드^{Cloud}) 안에 서버를 설치해서 사용하는 방법은 최근 매우 널리 퍼져가고 있습니다. 기기 구입이나 설치 장소의 확보가 필요하지 않으면서도, 임대 서버와 달리 자신의 전용 서버로 사용할 수 있으므로 자유롭게 구성할 수 있습니다. 기본적으로 서버의 성능(spec)과 사용 시간에 따라 비용이 발생하므로 가볍게 사용을 시작할 수 있습니다.

그림과 작동 원리로 쉽게 이해하는 웹의 기초

클라우드에서는 필요할 때만 자동으로 서버 대수를 늘릴 수 있으며, 갑작스러운 접근 증가에 대응하기 쉬우므로 웹 시스템에서는 클라우드 사용이 늘어나고 있습니다. 플러스
1

● **온프레미스**

설치 장소 확보나 기기 구입 등 투입 비용이 크지만, 구성의 자유도는 매우 높습니다. 저렴한 가격으로 그만큼의 자유도가 있는 클라우드의 등장에 따라 거의 점점 줄어들고 있습니다.

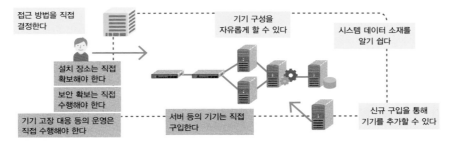

● **임대 서버**

비용이 저렴하고 운용 노력이 적게 들므로 개인적으로 사용하기에 적합합니다. 반면, 구성의 자유도는 거의 없으므로 기업에서 사용하는 경우는 거의 없습니다.

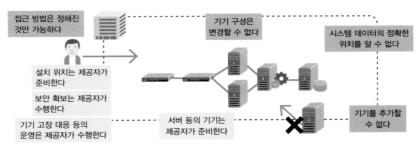

● **클라우드**

사용한 만큼만 사용료를 지불하는 과금 체계로 가볍게 사용을 시작할 수 있으며 기업/개인을 불문하고 사용자가 급증하고 있습니다. 구성의 자유도가 높은 것 또한 매력입니다.

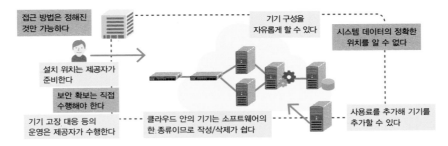

관련 용어   네트워크 구성 검토 _ p.168 / 서버 구성 검토 _ p.170

06 부하 분산

여러 대의 서버를 병렬로 배치하고 요청을 나눠서 병행으로 실행함으로써 각 서버의 부하를 줄이는 방법을 부하 분산이라 부릅니다. 부하 분산을 수행하면 각 서버의 처리량은 줄어들기 때문에 각 서버의 성능이 낮아도 시스템 전체적으로는 많은 접근을 처리할 수 있게 됩니다. 그리고 여러 서버에서 같은 처리를 실행하므로, 일부 서버가 고장 나더라도 하나라도 그 역할을 분담하는 서버가 남아 있다면 서비스를 유지할 수 있는 다중화 효과도 얻을 수 있습니다.

부하 분산은 로드 밸런서가 수행하지만 아파치 등 소프트웨어에도 로드 밸런서 기능을 가진 경우가 있습니다. 또한 부하 분산 방식에는 몇 가지가 있으며, 기기나 소프트웨어에 따라 실행할 수 있는 방법이 다릅니다.

● 라운드 로빈 방식

각 서버에 순서대로 요청을 분배하는 방식입니다. 각 요청을 처리하는 복잡도가 비슷한 정도이고, 각 서버의 처리 능력이 비슷할 경우 효과적입니다. 단, 요청 처리의 복잡도가 다른 경우에는 서버 부하의 편차가 커지게 됩니다.

● 동적 분산 방식

서버 부하를 감시해, 부하가 작은 서버에 우선적으로 요청을 분배하는 방식입니다. '서버 부하' 기준으로는 CPU 사용률이나 메모리 사용량, 디스크 부하, 커넥션 수 등을 사용합니다.

● 퍼시스턴스

부하 분산을 수행하면 같은 클라이언트로부터의 접근이라도 매번 분배되는 서버가 다르므로 로그인해서 사용하는 등의 사이트에서는 세션 정보를 관리하기 어렵습니다. 그래서 같은 클라이언트로부터의 접근을 판별해, 항상 같은 서버로 전송하는 기능이 개발됐습니다. 이를 퍼시스턴스Persistence라 부릅니다.

부하 분산은 웹서버뿐만 아니라 AP 서버에도 사용되기도 합니다. 플러스 1

웹 시스템의 부하를 분산하는 3가지 방식

웹 시스템에서의 부하 분산에서는 로드 밸런서로 요청을 각 웹서버로 분산해, 각 서버 기기의 부담을 줄입니다. 하나의 서버가 고장 나더라도 다른 서버가 기동하고 있다면 전체적으로 서비스를 유지할 수 있습니다.

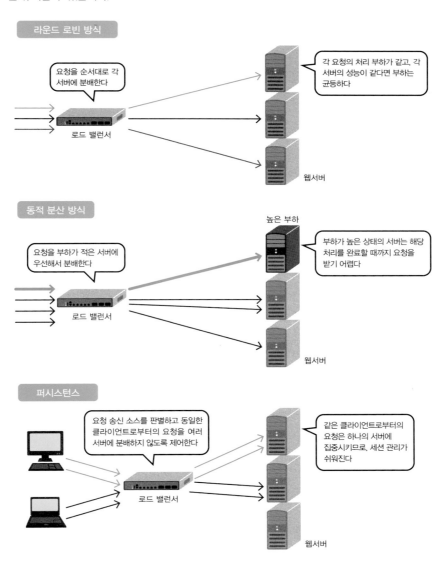

라운드 로빈 방식

요청을 순서대로 각 서버에 분배한다

로드 밸런서

각 요청의 처리 부하가 같고, 각 서버의 성능이 같다면 부하는 균등하다

웹서버

동적 분산 방식

요청을 부하가 적은 서버에 우선해서 분배한다

로드 밸런서

높은 부하

부하가 높은 상태의 서버는 해당 처리를 완료할 때까지 요청을 받기 어렵다

웹서버

퍼시스턴스

요청 송신 소스를 판별하고 동일한 클라이언트로부터의 요청을 여러 서버에 분배하지 않도록 제어한다

로드 밸런서

같은 클라이언트로부터의 요청은 하나의 서버에 집중시키므로, 세션 관리가 쉬워진다

웹서버

7_웹 시스템 구축과 운용

관련 용어 다중화 _ p.112 / 로드 밸런서 _ p.170 / 웹서버 _ p.112

07 서버 설계/구축

웹 시스템에서 사용되는 서버는 웹서버와 AP 서버 등, 시스템 안에서 할당된 역할을 실행하는 것뿐만 아니라, 각 서버로서의 내장애성과 보안을 고려해 설계해야 합니다.

● 디스크 구성

디스크란 하드 디스크나 SSD라 불리는 서버의 기억 영역을 의미합니다. 데이터베이스나 백업용 데이터 등 중요한 데이터는 서버의 시스템 데이터와 다른 디스크에 저장해 둠으로써, 무언가의 이유로 서버의 시스템 데이터 저장된 디스크가 파손됐을 때도 중요한 데이터를 지킬 수 있습니다. 디스크를 여럿 확보할 수 없다면 하나의 디스크를 내부적으로 분할하는 파티셔닝Partitioning 방법도 사용할 수 있습니다.

● 보안

OS를 설치하면 기본적인 기능이나 로그인 사용자가 초기 설정으로 설정되어 있습니다. 하지만 그런 기능이나 사용자를 사용하지 않을 때는, 악의적인 사람에게 사용되지 않도록 기능을 정지하거나 사용자를 삭제하는 것이 좋습니다. 예를 들어, 오래된 버전의 Oracle 데이터베이스 제품에는 'scott'라는 관리자 권한을 가진 사용자가 자동적으로 설정되어 있었습니다. 이 사용자의 비밀번호는 'tiger'라는 고정된 간단한 문자열이었기 때문에 쉽게 악용의 대상이 됐습니다

● 시스템 기반 테스트

서버 구축을 완료했다면 마지막으로 서버 설정을 올바르게 수행했는지 테스트합니다. 구체적으로는 설정 파일이 올바르게 기재됐는가, 삭제한 사용자로 로그인할 수 없는가, 미들웨어가 잘 작동하는가, 재기동 시 필요한 프로그램이 올바르게 기동하는가 등의 내용을 확인합니다.

● 디스크 구성을 검토한다

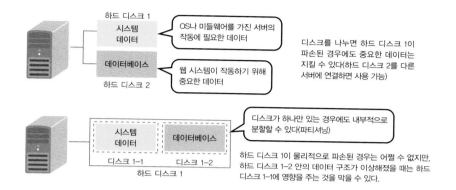

하드 디스크 1
시스템 데이터
OS나 미들웨어를 가진 서버의 작동에 필요한 데이터

데이터베이스
웹 시스템이 작동하기 위해 중요한 데이터
하드 디스크 2

디스크를 나누면 하드 디스크 1이 파손된 경우에도 중요한 데이터는 지킬 수 있다(하드 디스크 2를 다른 서버에 연결하면 사용 가능)

시스템 데이터
데이터베이스
디스크 1-1   디스크 1-2
하드 디스크 1

디스크가 하나만 있는 경우에도 내부적으로 분할할 수 있다(파티셔닝)

하드 디스크 1이 물리적으로 파손된 경우는 어쩔 수 없지만, 하드 디스크 1-2 안의 데이터 구조가 이상해졌을 때는 하드 디스크 1-1에 영향을 주는 것을 막을 수 있다.

● 초기 설정 기능과 사용자를 재검토한다

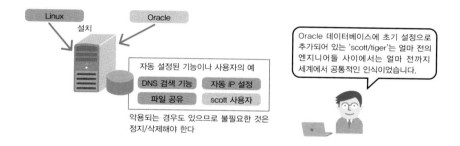

Linux   Oracle
설치

자동 설정된 기능이나 사용자의 예
DNS 검색 기능   자동 IP 설정
파일 공유   scott 사용자

악용되는 경우도 있으므로 불필요한 것은 정지/삭제해야 한다

Oracle 데이터베이스에 초기 설정으로 추가되어 있는 'scott/tiger'는 얼마 전의 엔지니어들 사이에서는 얼마 전까지 세계에서 공통적인 인식이었습니다.

● 시스템 기반 테스트를 실시한다

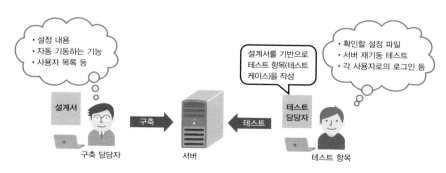

• 설정 내용
• 자동 기동하는 기능
• 사용자 목록 등

설계서를 기반으로 테스트 항목(테스트 케이스)을 작성

• 확인할 설정 파일
• 서버 재기동 테스트
• 각 사용자로의 로그인 등

설계서
구축 담당자

구축

서버

테스트

테스트 담당자
테스트 항목

엄밀하게 체크하려면 구축 담당자와 테스트 담당자는 동일한 사람이 아닌 것이 바람직하다

관련 용어   다중화 _ p.112 / 취약성 진단 _ p.188

7_ 웹 시스템 구축과 운용

데이터베이스 설계

데이터베이스 설계는 크게 논리 설계와 물리 설계의 두 단계로 나눌 수 있습니다.

● 논리 설계

논리 설계 단계에서는 데이터베이스에 저장할 데이터 도출과 그 데이터 사이의 관련성을 정의합니다.

쇼핑 사이트를 예를 들면, 먼저 저장할 데이터의 대상에는 '제품', '재고', '주문', '고객'을 들수 있습니다. 그 뒤 데이터 사이의 연관과 다중도를 검토합니다. 예를 들어, 고객과 주문은 관련이 있고, 하나의 고객에 0 또는 여러 주문 정보가 연결되는 구성이 될 것입니다. 그리고 주문은 제품과 관련이 있고, 하나의 주문에 하나 이상의 여러 제품이 연결되는 구성이 됩니다. 또한 저장할 데이터로서 제품 정보라면 '제품명'이나 '가격' 등 보다 상세한 정보가 있습니다. 이런 정보를 그림으로 그리고, 저장할 데이터의 누락이 없도록 도출합니다. 도출한 데이터를 중복되지 않도록 정리한 것을 저장할 데이터로 하고, 물리 설계를 진행합니다.

● 물리 설계

논리 설계에서 정의된 데이터를 실제 데이터베이스 안에 어떻게 저장할 것인지를 결정하는 것이 물리 설계입니다. 구체적으로는 '그 데이터는 문자열인가 수치인가', 문자열이라면 '몇 문자인 문자열인가', 수치라면 '정수인가 소수인가' 같이 데이터를 어떤 종류의 것으로 저장할 것인가라는 것이나, 빈번하게 검색 대상이 되는 데이터인 경우 데이터베이스의 기능을 사용해 미리 인덱스를 붙여 검색 속도가 높도록 설정해 두는 것을 검토합니다.

그리고 데이터베이스 자체의 설정인 '문자열의 문자 코드는 무엇으로 할 것인가', '데이터베이스에 할당할 디스크 영역은 얼마나 크게 할 것인가' 같은 항목에 관해서도 이 단계에서 검토합니다.

위와 같은 데이터 정리를 '정규화'라 부릅니다. 정규화된 형태는 '정규형'이라 부르며, 정리 수준에 따라 1부터 5까지의 정규형이 정의되어 있습니다.

플러스 1

● 데이터베이스 논리설계

쇼핑 사이트를 예로 들면...

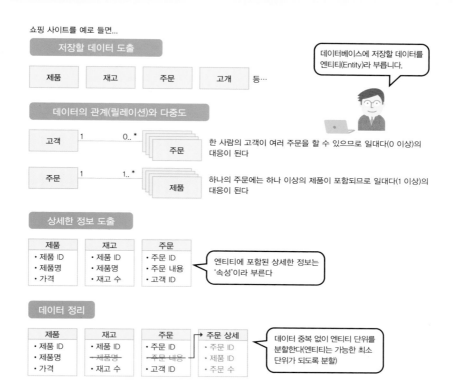

저장할 데이터 도출

| 제품 | 재고 | 주문 | 고개 | 등…

> 데이터베이스에 저장할 데이터를 엔티티(Entity)라 부릅니다.

데이터의 관계(릴레이션)와 다중도

고객 1 ——— 0..* 주문
한 사람의 고객이 여러 주문을 할 수 있으므로 일대다(0 이상)의 대응이 된다

주문 1 ——— 1..* 제품
하나의 주문에는 하나 이상의 제품이 포함되므로 일대다(1 이상)의 대응이 된다

상세한 정보 도출

제품	재고	주문
• 제품 ID	• 제품 ID	• 주문 ID
• 제품명	• 제품명	• 주문 내용
• 가격	• 재고 수	• 고객 ID

> 엔티티에 포함된 상세한 정보는 '속성'이라 부른다

데이터 정리

제품	재고	주문	→ 주문 상세
• 제품 ID	• 제품 ID	• 주문 ID	• 주문 ID
• 제품명	• ~~제품명~~	• ~~주문 내용~~	• 제품 ID
• 가격	• ~~재고 수~~	• 고객 ID	• 주문 수

> 데이터 중복 없이 엔티티 단위를 분할한다(엔티티는 가능한 최소 단위가 되도록 분할)

● 데이터베이스 물리설계

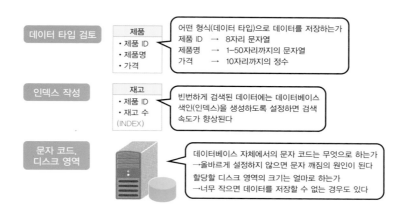

데이터 타입 검토

제품
• 제품 ID
• 제품명
• 가격

> 어떤 형식(데이터 타입)으로 데이터를 저장하는가
> 제품 ID → 8자리 문자열
> 제품명 → 1–50자리까지의 문자열
> 가격 → 10자리까지의 정수

인덱스 작성

재고
• 제품 ID
• 재고 수
(INDEX)

> 빈번하게 검색된 데이터에는 데이터베이스 색인(인덱스)을 생성하도록 설정하면 검색 속도가 향상된다

문자 코드, 디스크 영역

> 데이터베이스 자체에서의 문자 코드는 무엇으로 하는가
> →올바르게 설정하지 않으면 문자 깨짐의 원인이 된다
> 할당할 디스크 영역의 크기는 얼마로 하는가
> →너무 작으면 데이터를 저장할 수 없는 경우도 있다

관련 용어 DBMS _ p.118

09 애플리케이션 설계

애플리케이션 설계는 제공하는 서비스의 내용으로부터 기본 설계, 상세 설계를 수행하고 그 설계 내용을 기반으로 프로그래밍을 수행한다.

● 기본 설계

기본 설계에서는 제공할 서비스를 구현하기 위해 애플리케이션이 어떻게 작동해야 하는지 설계합니다. 구체적으로는 애플리케이션이 가진 기능의 목록이나 애플리케이션의 구조도, 화면 레이아웃 등을 검토합니다. 간단히 말하자면 애플리케이션의 표면적인 부분의 설계입니다. 이를 위한 기본 설계는 외부 설계라고도 부릅니다.

기본 설계가 확실히 되어 있지 않으면 상세 설계 단계에서 설계에 모순이 발견되거나, 필요한 기능 누락의 원인이 되므로 애플리케이션 설계에 근간이 되는 부분이라 할 수 있습니다.

● 상세 설계

기본 설계의 내용을 구현하기 위해 구체적으로 어떤 모듈Module을 작성하는 것이 좋을지 검토하고, 설계하는 것이 상세 설계입니다. 구체적으로는 모듈의 처리 내용, 모듈 사이의 연동 방법, 화면 이동 흐름 등을 검토합니다. 애플리케이션의 내부 구조의 설계이므로, 상세 설계는 내부 설계라고도 부릅니다.

이 상세 설계를 기반으로 애플리케이션 프로그래밍을 수행합니다.

● 테스트

프로그래밍을 완료했다면 서버 구축 시와 마찬가지로 애플리케이션 테스트를 수행합니다. 먼저 상세 설계 대로 모듈이 작성되어 있는지 확인하기 위해 모듈별로 테스트를 수행합니다. 이 테스트를 단위 테스트라 부릅니다. 문제가 없다면 모듈끼리 잘 연동하고, 기본 설계대로 작동하는지 확인하는 테스트를 실시합니다. 이를 통합 테스트라 부릅니다. 이 테스트들을 성공함으로써 설계대로 애플리케이션이 완성된 것을 확인할 수 있습니다.

애플리케이션 기본 설계

쇼핑 사이트의 예를 들면…

기능 도출

이 외에도 '사용자 등록', '예약', '고객 관리' 등 어디까지 구현할 것인지 생각한다

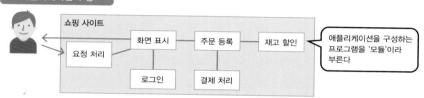

애플리케이션 구성

애플리케이션을 구성하는 프로그램을 '모듈'이라 부른다

애플리케이션 상세 설계

모듈 처리 내용, 연동 방법

로그인 모듈의 상세 설계서
①DB로부터 사용자 정보를 검색해, 사용자명에 대응하는 비밀번호를 얻는다 ②송신된 비밀번호와 ①의 결과를 조합 ③조합 결과에 따라 로그인 여부를 판단하고 성공이면 '1', 실패면 '0'을 송신

1 또는 0

화면 표시 모듈 상세 계획서
로그인 화면 모듈로부터 1을 수신하면 로그인 성공 화면, 0을 수신하면 로그인 실패 화면을 표시

애플리케이션 테스트

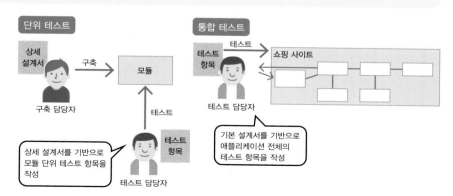

단위 테스트

통합 테스트

상세 설계서를 기반으로 모듈 단위 테스트 항목을 작성

기본 설계서를 기반으로 애플리케이션 전체의 테스트 항목을 작성

관련 용어 | 웹 애플리케이션 _ p.106

백업 운용

웹 시스템에서의 서비스 제공에서 가장 중요한 것은 데이터베이스나 웹 애플리케이션, 콘텐츠라는 시스템을 구성하는 데이터입니다.

예를 들어, 다중화하지 않은 DB 서버가 고장 났다고 가정해봅니다. 서버 기기 자체는 수리하면 복구할 수 있지만 고장 시 서버 안의 데이터베이스가 사라져버리면 그 데이터를 복구할 수 없고, 서비스도 재개할 수 없습니다.

서버를 다중화했다 하더라도 서버를 설치한 건물(데이터 센터) 화재 등의 재해로 다중화한 서버가 모두 고장 날 가능성도 충분히 고려할 수 있습니다.

시스템을 구성하는 데이터를 복제해서 보관(백업)해 두면 데이터 소실 등의 문제가 발행한 경우 그 복제된 제이터를 사용함으로써, 내용은 복제된 시점에 머무르지만 서비스를 다시 시작할 수 있습니다. 이를 위한 데이터 복제본을 백업 데이터라 부르며 백업 데이터를 얻거나 필요하지 않게 된 오래된 백업 데이터를 삭제하는 등의 작업을 백업 운용이라 부릅니다.

● 백업 방법

백업 대상은 애플리케이션이나 콘텐츠와 같은 파일과 데이터베이스의 내용입니다. 파일은 그대로 복제해서 백업할 수 있습니다. 데이터베이스의 내용은 DBMS의 기능을 사용해 백업할 수 있습니다. 백업은 서버의 고장에 대비하는 것이므로 기본적으로 다른 서버 기기에 백업 데이터를 보관합니다. 데이터 센터의 재해에 대비한 경우는 다른 데이터 센터에 있는 서버에 보관합니다.

● 백업 빈도/세대

데이터를 백업으로부터 복구할 때, 데이터는 백업을 만든 시점의 상태에 머물러 있습니다. 복구 후에 가능한 장애 시점의 상황으로 되돌리려면 백업을 자주 만들어야 합니다. 그리고 자주 변경되는 데이터는 적절한 상태로 되돌리기 위해 과거의 백업을 여러 세대 보관해 두는 것이 좋습니다.

● 웹 시스템이 가진 데이터와 발생할 수 있는 장애

웹 시스템이 가진 데이터

애플리케이션
콘텐츠
웹서비스의 실체
웹서버, AP 서버

데이터베이스
회원 정보 등의 축적된 데이터
DB 서버

발생할 수 있는 데이터 장애

애플리케이션
콘텐츠
서버 고장에 의한 데이터 소실

데이터베이스
부정 접근에 의한 데이터 변조

데이터 센터의 재해

● 데이터 복구 순서

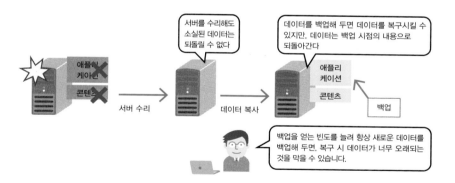

서버를 수리해도 소실된 데이터는 되돌릴 수 없다

데이터를 백업해 두면 데이터를 복구시킬 수 있지만, 데이터는 백업 시점의 내용으로 되돌아간다

애플리케이션
콘텐츠

서버 수리 → 데이터 복사 → 백업

백업을 얻는 빈도를 늘려 항상 새로운 데이터를 백업해 두면, 복구 시 데이터가 너무 오래되는 것을 막을 수 있습니다.

부정 접근에 따라 데이터 변조가 발생한 경우, 최신 백업 데이터를 사용할 수 없게 되기도 한다.

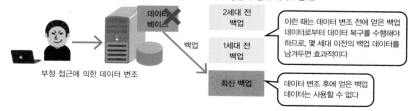

부정 접근에 의한 데이터 변조

데이터베이스

백업

2세대 전 백업

1세대 전 백업

최신 백업

이런 때는 데이터 변조 전에 얻은 백업 데이터로부터 데이터 복구를 수행해야 하므로, 몇 세대 이전의 백업 데이터를 남겨두면 효과적이다

데이터 변조 후에 얻은 백업 데이터는 사용할 수 없다

7_ 웹 시스템 구축과 운용

11 로그 운용

웹 시스템에 한정된 이야기는 아니지만, 서버나 네트워크 기기는 작동 중 상태 변화나 자신이 수행한 처리를 텍스트 파일에 기록합니다. 이 텍스트 파일은 로그 파일이라 부릅니다. 로그 파일의 종류는 다양하며 OS가 발생한 이벤트나 에러를 기록하는 '시스템 로그', 미들웨어 등의 애플리케이션이 작동 이력을 기록하는 '애플리케이션 로그', 웹서버 등이 받은 요청을 기록하는 '액세스 로그'등이 있습니다. 로그 파일로부터는 기기 장애나 버그의 원인, 서버 공격 흔적 등 유익한 정보를 읽을 수 있어, 중요한 증거로 백업 운용의 대상이 되기도 합니다.

로그 파일은 계속 뒤로 추가되기 때문에 아무것도 하지 않으면 크 크기가 너무 커지고, 가독성이 낮아지며, 하드 디스크의 용량을 압박합니다. 적당한 시점에 다른 파일로 분할하거나 오래된 것을 삭제하는 등의 조치를 해야 합니다. 이런 로그 파일의 관리를 로그 운용과 로그 유지보수라 부릅니다.

● 로그 로테이션

로그 파일을 분할해 다른 파일로 저장함으로써 로그의 가독성을 확보합니다. 기본적으로 1일, 1주일, 1개월 단위와 같이 분할하기 좋은 시간 단위로 분할하는 경우가 많습니다. 로그의 양이 많을 때는 100MB 단위와 같이 로그 파일이 일정한 크기에 도달했을 때 분할하기도 합니다. 그리고 오래된 로그 파일을 삭제해서 하드 디스크의 용량을 압박하지 않도록 합니다. 로그 로테이션은 하우스키핑Housekeeping이라 부르기도 합니다.

● 접근 로그 해석

웹서버의 접근 로그에는 사용자가 접근한 날짜, 시간이나 어떤 페이지에 접근했는지와 같은 정보가 기록되므로 효율적으로 사용하면 서비스 향상이나 매출 증가로 연결됩니다. 접근 로그를 해석해서 참고가 되는 정보를 얻은 것을 접근 로그 해석이라 부릅니다. ApacheLogViewer나 Visitors 같은 접근 로그 해석용 소프트웨어도 개발되어 있습니다.

● 로그 파일에는 중요한 정보가 들어있다

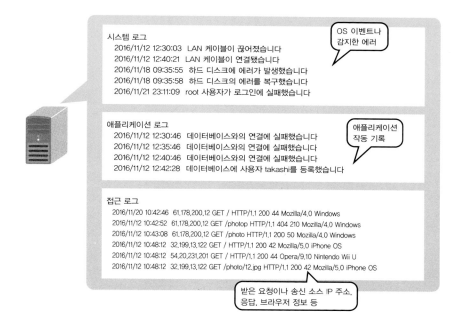

● 로그 로테이션

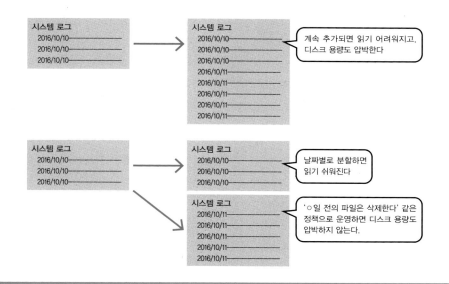

7_ 웹 시스템 구축과 운영

12 웹사이트의 성능

웹 시스템은 사용자가 많아지면 받게 되는 요청이 늘어나고, 응답 효율이 낮아집니다. 요청을 보낸 시점부터 사용자에게 화면이 표시될 때까지의 시간 등은 성능이라 불리며, 사용자가 사용할 때의 만족도의 하나로 여겨집니다.

● 성능 지표

기본적으로 웹 시스템으로 요청을 보낸 뒤 클라이언트에 대해 무언가의 반응이 있을 때까지의 시간을 측정하고, 그것을 성능 지표로 합니다. 측정 방법 중 자주 사용하는 것으로는, 요청 전송부터 무언가의 HTTP 응답이 돌아올 때까지의 시간인 응답 시간, 요청 송신으로부터 웹페이지의 표시가 완료될 때까지의 시간인 표시 완료 시간, 페이지 로딩 시작부터 로딩 완료까지의 시간인 페이지 로딩 시간이 있습니다. 그리고 에러 없이 웹사이트에 접근할 수 있는 확률인 가용성도 성능 지표로 사용됩니다. 웹 시스템 구축 시 사용자의 만족도를 만족시키기 위해서는 미리 이 성능 목푯값을 결정하고, 그것을 달성하는 것을 목표로 하는 것이 중요합니다.

● 성능 감시

성능은 요청 수 등의 서버 부하에 따라 달라집니다. 많은 클라이언트로부터의 요청이 동시에 오면 응답 시간도 길어지고 그에 따라 표시 완료 시간이나 페이지 로딩 시간도 길어집니다. 목표 성능을 유지하려면 정기적으로 성능을 감시하고, 성능 저하를 감지했다면 그 원인을 조사해서 적절한 처리를 수행하고 시스템을 개선해 나가야 합니다.

그리고 원인을 원만하게 조사하려면 서버별 CPU 사용률이나 메모리 사용률 같은 서버 부하 상태를 동시에 감시하는 것도 효과적입니다. 성능을 항상 감시함으로써 성능의 하나인 '가용성'을 산출하는 것도 가능해집니다. 성능 감시를 위한 다양한 도구(Zabbix, Pandora, FMS, Nagios 등)들도 개발되어 있습니다.

● 웹사이트의 성능은 표시 완료까지의 시간이 지표가 된다

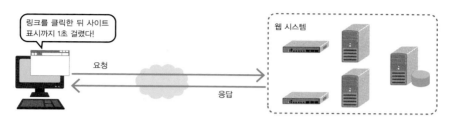

웹사이트의 성능(표시 완료 시간)

지표명	내용
응답 시간	클라이언트의 요청 송신부터 응답 수신까지의 소요 시간
표시 완료 시간	클라이언트의 요청 송신부터 콘텐츠가 모두 표시될 때까지의 소요 시간
페이지 로딩 시간	클라이언트가 최초의 콘텐트를 수신할 때부터 콘텐츠가 모두 표시될 때까지의 소요 시간
가용성	에러 없이 웹사이트에 접속한 확률. 예: 1년 동안(8760시간) 10시간 사이트가 장애로 정지했다 → (8760 − 10) ÷ 8760 × 100 ≒ 99.886%

● 시스템의 성능을 감시한다

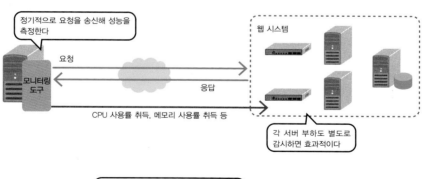

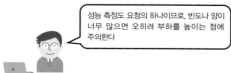

인터넷에 공개된 웹 시스템에 대해 보안 확보를 위해서는 스스로 취약성 진단이 매우 중요합니다. 구축 당시에 취약성 대책을 수행하더라도 운용 도중에 사용하는 OS나 미들웨어에 새로운 취약성이 발견되기도 합니다. 이 대책들로 취약성 정보 데이터베이스를 정기적으로 확인하고, 사용하는 제품의 취약성 유무를 파악해야 합니다.

한편 직접 개발한 웹 애플리케이션의 취약성에 대해서는 직접 취약성 유무를 조사해야 합니다. 취약성 유무를 확인하려면 실제로 사이버 공격과 같은 방법으로 웹 시스템에 접속을 시도해봅니다. 이렇게 유사 공격을 함으로써 취약성 유무를 확인하는 테스트를 침투 테스트 Penetration Test라 부릅니다.

침투 테스트는 유사 공격을 수행하는 도구를 사용해 실시할 수 있지만, 보다 상세한 진단을 해야 할 때는 보안 기업에 의뢰해서 테스트를 수행하는 방법도 있습니다. 도구를 사용한 테스트에서는 도구에 등록된 일반적인 공격 방법을 수행하면 되지만, 기업에 의뢰할 때는 비용이 높지만 대상이 되는 웹 시스템에 맞는 방법으로 테스트를 실시할 수 있다는 장점이 있습니다.

침투 테스트는 웹 시스템 전체에서 취약성을 확인하므로, 이를 실시함으로써 웹 애플리케이션뿐만 아니라 OS나 미들웨어의 취약성도 동시에 조사할 수 있다는 큰 장점이 있습니다.

● 발견된 취약성에 대한 대책

취약성이 발견되면 해당 취약성에 대한 대책이 필요합니다. 웹 애플리케이션의 경우는 해당 위치의 수정으로 대응하며, OS나 미들웨어의 경우는 기본적으로는 수정 프로그램을 적용하거나 취약성이 없는 버전으로 업데이트하게 됩니다. 단, OS나 미들웨어의 수정 프로그램 적용이나 버전 업데이트를 하면 웹 애플리케이션의 기동 환경이 달라지므로 충분히 검토해야 합니다.

대표적인 취약성 정보 데이터베이스로는 CVE(Common Vulnerabilities and Exposures)가 있습니다. 플러스 1

그림과 작동 원리로 쉽게 이해하는 웹의 기초

● 취약성 확인

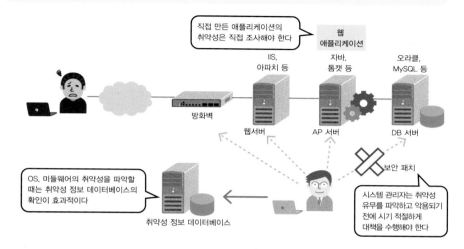

직접 만든 애플리케이션의 취약성은 직접 조사해야 한다

웹 애플리케이션

IIS, 아파치 등

자바, 톰캣 등

오라클, MySQL 등

방화벽

웹서버

AP 서버

DB 서버

보안 패치

OS, 미들웨어의 취약성을 파악할 때는 취약성 정보 데이터베이스의 확인이 효과적이다

취약성 정보 데이터베이스

시스템 관리자는 취약성 유무를 파악하고 악용되기 전에 시기 적절하게 대책을 수행해야 한다

● 침투 테스트

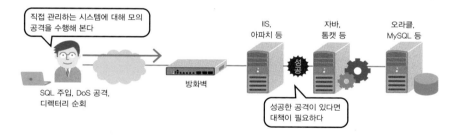

직접 관리하는 시스템에 대해 모의 공격을 수행해 본다

IIS, 아파치 등

자바, 톰캣 등

오라클, MySQL 등

SQL 주입, DoS 공격, 디렉터리 순회

방화벽

성공

성공한 공격이 있다면 대책이 필요하다

● 취약성 대책이 예상외의 장애를 일으키기도 한다…

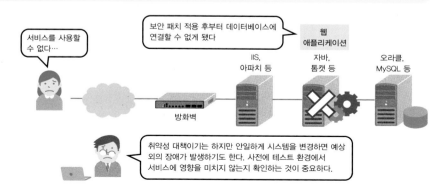

서비스를 사용할 수 없다…

보안 패치 적용 후부터 데이터베이스에 연결할 수 없게 됐다

웹 애플리케이션

IIS, 아파치 등

자바, 톰캣 등

오라클, MySQL 등

방화벽

취약성 대책이기는 하지만 안일하게 시스템을 변경하면 예상 외의 장애가 발생하기도 한다. 사전에 테스트 환경에서 서비스에 영향을 미치지 않는지 확인하는 것이 중요하다.

7_웹 시스템 구축과 운용

관련 용어 취약성 _ p.136 / 보안 구멍 _ p.144

부록

HTTP/3

부록 / HTTP/3

HTTP/2가 발표된 지 채 4년도 지나지 않아 HTTP/3가 발표되었고, 2022년 6월 22일에는 최종적으로 표준이 확정[1]되었습니다. HTTP/2가 나온 지도 얼마 되지 않았는데, HTTP/3는 어떤 문제점을 해결하기 위해 등장한 걸까요?

```
Internet Engineering Task Force (IETF)                    M. Bishop, Ed.
Request for Comments: 9114                                       Akamai
Category: Standards Track                                     June 2022
ISSN: 2070-1721


                                  HTTP/3


Abstract

   The QUIC transport protocol has several features that are desirable
   in a transport for HTTP, such as stream multiplexing, per-stream flow
   control, and low-latency connection establishment.  This document
   describes a mapping of HTTP semantics over QUIC.  This document also
   identifies HTTP/2 features that are subsumed by QUIC and describes
   how HTTP/2 extensions can be ported to HTTP/3.


Status of This Memo

   This is an Internet Standards Track document.

   This document is a product of the Internet Engineering Task Force
   (IETF).  It represents the consensus of the IETF community.  It has
   received public review and has been approved for publication by the
   Internet Engineering Steering Group (IESG).  Further information on
   Internet Standards is available in Section 2 of RFC 7841.

   Information about the current status of this document, any errata,
   and how to provide feedback on it may be obtained at
   https://www.rfc-editor.org/info/rfc9114.
```

그림 A.1 RFC 9114 – HTTP/3

● HTTP/3가 등장한 배경

그 이유는 HTTP/2는 여전히 TCP 위에서 작동하기 때문에 TCP로 인해 발생하는 문제를 해결할 수 없었기 때문입니다. 우선 TCP는 신뢰성을 지향하므로, 데이터 손실이 발생하

그림과 작동 원리로 쉽게 이해하는 웹의 기초

1   https://datatracker.ietf.org/doc/rfc9114/

면 재전송을 수행합니다. 그런데 TCP는 패킷을 정확한 순서대로 처리해야 하기 때문에 재전송을 수행하고 대기하는 과정에서 병목 현상이 발생했죠. 즉, TCP라는 프로토콜 자체의 HOLB(Head-of-Line Blocking) 문제를 해결할 수 없었습니다.

또한 TCP는 혼잡 제어를 수행하기 때문에 전송 속도를 낮은 상태에서 천천히 높이는 방식으로 속도 제어를 취합니다. 이는 네트워크 상황이 좋을 때는 불필요한 지연을 발생시키죠. 그리고 프로토콜 자체의 불필요한 헤더 등도 고칠 수가 없었습니다. 결국 TCP는 현대 사회에 어울리지 않은 프로토콜이었던 것이죠.

● QUIC와 HTTP/3

이러한 문제를 해결하기 위해 HTTP/3는 QUIC이라는 프로토콜 위에서 작동합니다. QUIC은 TCP의 신뢰성 보장을 위해 제공되는 기능들을 UDP 기반으로 직접 구현하여 성능을 개선한, 구글이 2013년에 공개한 프로토콜입니다. 따라서 HTTP/3는 'HTTP over QUIC'이라는 이름으로도 불립니다.

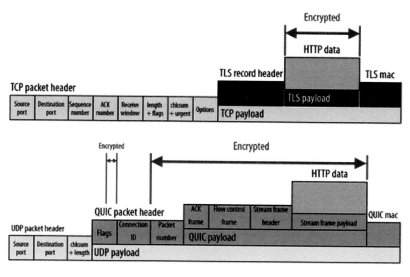

그림 A.2 TCP와 QUIC 프로토콜 비교

QUIC은 TCP가 아닌 UDP 기반의 프로토콜이라는 점에 주목하지 않을 수 없습니다. 사실 UDP는 TCP와 달리 기본적인 신뢰성을 제공하지 않는데요. UDP 프로토콜 자체의 구조가 간단하기 때문에 QUIC은 신뢰성을 위해 패킷 재전송, 혼잡 제어, 흐름 제어 기능 등을 직접 구현했습니다. 즉 QUIC은 신뢰성 기능이 제공되는 UDP 기반의 프로토콜입니다.

● HTTP/3의 장점

HTTP/3는 QUIC이라는 UDP 기반 프로토콜을 사용하기 때문에, TCP 기반의 HTTP/2에서 해결하지 못한 문제점을 해결할 수 있었습니다.

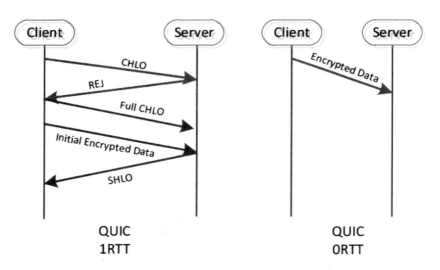

그림 A.3 최초 연결 시에는 1-RTT, 한번 성공하면 그 이후부터는 0-RTT

우선 HTTP/3는 연결 정보를 캐싱하여 재사용할 수 있는 0-RTT 기능을 제공합니다. TCP의 경우 최초 연결 수립 시 3-way 핸드셰이크 과정이 필요하지만, HTTP/3는 최초 연결 설정에서 연결에 필요한 정보들과 데이터를 함께 전송하여 1-RTT로 시간을 절약합니다. 또한 한번 성공한 연결은 캐싱했다가, 다음 연결 때에는 캐싱된 정보를 바탕으로 바로 연결을 수립할 수 있어서 0-RTT가 가능합니다.

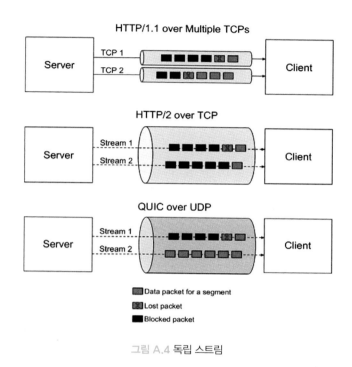

그림 A.4 독립 스트림

또한 HTTP/3는 연결 다중화를 지원하며, 각 스트림이 독립적으로 작동합니다. 그림 A.4 를 보면 각 스트림이 독립적으로 동작한다는 것이 어떤 의미인지 쉽게 알 수 있을 것입니다. HTTP/2에서는 연결 다중화가 지원되어 여러 스트림을 동시에 지원할 수 있지만, TCP 특성상 데이터 손실이 발생하면 데이터 복구를 우선 처리하면서 HOLB가 발생합니다. 하지만 QUIC 기반의 HTTP/3는 연결 내 스트림이 완전히 독립적으로 동작하기 때문에 데이터 손실이 발생해도 다른 스트림에 영향을 주지 않죠.

그리고 HTTP/3는 IP 기반이 아닌, 연결별 고유 UUID(Connection ID)를 이용해 각 연결을 식별합니다. TCP 기반 통신의 경우에는 Wi-Fi 환경에서 셀룰러 환경으로 이동하는 경우 IP 주소가 변경되기 때문에 연결 재수립 과정을 거쳐야 하지만, QUIC은 연결 ID 기반으로 식별하기 때문에 연결을 그대로 유지할 수 있습니다.

HTTP/2와 마찬가지로 TLS 연결 설정 과정이 QUIC 내부에 포함되기 때문에 HTTP/3는 HTTPS 사용이 강제되고, 우선순위 제어, 서버 푸시 등의 기능을 제공합니다.

HTTP/3의 헤더 프레임은 HTTP/2.0의 HPACK과 유사하게 QPACK을 이용해 압축되어 전송됩니다. QUIC의 스트림이 독립적으로 송수신함에 따라 이에 맞춰 개선된 것 정도로 이해하면 됩니다.

마지막으로 기존 HTTP 체계와 호환되기 때문에, TCP 기반 통신 중 HTTP/3가 지원된다면 서버가 이를 클라이언트 측에 이를 알려 HTTP/3 방식의 통신으로 전환을 유도[2]할 수 있기도 합니다.

● 마무리

HTTP의 진화 과정을 한마디로 요약해 보자면 다음과 같습니다.

- HTTP/1.1: ASCII over TCP

- HTTP/2: Binary Multiplexed over SPDY(TCP)

- HTTP/3: Binary over Multiplexed QUIC(UDP)

사실 프런트엔드 개발자에게는 프로토콜의 종류가 다른 것이 크게 와닿지 않습니다. 왜냐하면 프로토콜이라는 하위 레벨의 스펙이 변경된 것이라, 상위 레벨에서는 실질적으로 바뀐 것이 없어 보이거든요.

하지만 웹을 떠받치고 있는 네트워크에 대한 이해가 있어야만 이러한 지식을 바탕으로 더 나은 사용자 경험을 위한 기술적인 선택을 할 수 있을 것입니다.

그림과 작동 원리로 쉽게 이해하는 웹의 기초

2 https://developer.mozilla.org/en-US/docs/Web/HTTP/Headers/Alt-Svc

찾아보기